GB 全国干部学习培训教材
QUANGUO GANBU XUEXI PEIXUN JIAOCAI

国际形势与中国外交

全国干部培训教材编审指导委员会组织编写

人民出版社

党建读物出版社

序　言

　　面对复杂严峻的国际形势，面对艰巨繁重的改革发展稳定任务，想一帆风顺推进我们的事业是不可能的。可以预见，前进道路上，来自各方面的困难、风险、挑战肯定会不断出现，关键看我们有没有克服它们、战胜它们、驾驭它们的本领。全党同志特别是各级领导干部要有本领不够的危机感，以时不我待的精神，一刻不停增强本领。只有全党本领不断增强了，"两个一百年"奋斗目标才能实现，中华民族伟大复兴的中国梦才能梦想成真。

好学才能上进，好学才有本领。中国共产党人依靠学习走到今天，也必然要依靠学习走向未来。各级领导干部要勤于学、敏于思，坚持博学之、审问之、慎思之、明辨之、笃行之，以学益智，以学修身，以学增才。要努力学习各方面知识，努力在实践中增加才干，加快知识更新，优化知识结构，拓宽眼界和视野，着力避免陷入少知而迷、不知而盲、无知而乱的困境，着力克服本领不足、本领恐慌、本领落后的问题。

各地区各部门各单位要认真组织干部学好用好这批教材，帮助广大干部深入学习领会党的十八大和十八届三中、四中全会精神，深入学习贯彻党中央的战略部署和工作要求，不断增强中国特色社会主义道路自信、理论自信、制度自信，不断提高知识化、专业化水平，不断提高履职尽责的素质和能力。

2015 年 1 月 18 日

目　录

CONTENTS

第 一 章

国际形势的发展特点和趋势

第一节　世界多极化更趋明朗

当今世界一个重要的潮流就是世界多极化趋势深入发展。新兴市场国家和发展中国家整体实力不断增强，国际力量对比日益朝着相对均衡的方向发展，世界多极化趋势更加明显，推动国际体系发生深刻复杂调整。

◇　一、新兴市场国家和发展中国家群体性崛起，推动国际力量对比朝相对均衡方向发展

观察世界潮流、研判其发展走向，一个重要视角是把握世界主要力量实力对比的变化及相互关系的演变。第二次世界大战后，世界形成了美苏争霸的两极格局，这个格局随着冷战的结束而被打破。冷战结束以来，特别是进入 21 世纪以来，新兴市场国家和发展中国家快速发展，发展中国家整体实力进一步增强，在国际舞台上发挥越来越大的作用，已成为新世纪之初国际格局最重要的发

展趋势之一。美国前国务卿基辛格说，世界正经历 500 年未有之变局，指的就是这个现象。

新兴市场国家和发展中国家群体性崛起。一是速度快。21 世纪头十年，新兴市场国家年平均经济增速超过 6%，其中金砖五国年平均增长率超过 8%，大大高于发达国家 2.6% 的增长速度。根据世界银行预测，到 2050 年，中国、印度、巴西、俄罗斯、墨西哥和印度尼西亚等 6 个新兴市场国家占二十国集团（G20）国内生产总值（GDP）的比重将由 2009 年的 19.6% 上升到 50.6%，而同期西方七国（美国、日本、英国、法国、德国、意大利、加拿大）占二十国集团 GDP 的比重将由 72.3% 下降到 40.5%。二是规模大。新兴市场国家和发展中国家崛起的规模是十几亿甚至几十亿人口，金砖五国人口就占全球人口的 40%，这么大规模的发展在人类历史上前所未有。三是范围广。新兴市场国家和发展中国家崛起的范围遍及亚非拉各地，形成各地区齐头并进的局面。新兴市场国家和发展中国家的崛起不会一帆风顺，面临着经济社会可持续发展的挑战，调整经济结构、缩小城乡和贫富差距等任务十分艰巨。但总的看，新兴市场国家和发展中国家的发展潜力依然很大，崛起进程不会改变。

随着新兴市场国家和发展中国家整体实力增强，在国际事务中的影响力也相应上升。二十国集团已成为世界经济治理的主要平台，其中近一半国家是新兴市场国家和发展中国家。在世界贸易组织（WTO）和联合国一些专门机构中，新兴市场国家和发展中国家的发言权和代表性也在提升。2010 年，新兴市场国家和发展中国家在世界银行的投票权增加了 3.13 个百分点。同年，国际货币基金组织（IMF）执董会通过了份额和治理结构改革方案，如改革顺利实施，新兴市场国家和发展中国家份额将提高 2.8 个百分点。在叙利亚、伊朗等地区热点问题上，新兴市场国家和发展中国家也在发挥着日益重要的建设性作用。

总体看，新兴市场国家和发展中国家与西方发达国家实力对比呈现一升一降的态势，这有利于世界多极化的发展。与此同时，发达国家在世界上仍然有着举足轻重的影响。2012 年，美国的 GDP 占世界的 21.9%，国防开支占全球总量的 39%，用于研究开发的费用占世界的 31.1%。2008 年国际金融危机对美国经济和金融带来一定影响。近年来，美国积极推进"再工业化"等政策，力图创造新的经济增长点。有专家预测，始于美国的页岩气革命有可能使美国实现能源自给自足，甚至成为能源净出口国。欧盟经济总量位居世界第一，德、法、英、意各国经济总量仍位居世界前十。国际金融危机和欧洲主权债务危机使欧洲经济受到较大影响，面临高失业、高赤字、高债务的压力，欧洲一体化进程遇到严重困难。欧盟着手进行结构改革，其成果如何将对欧盟未来发展前景有很大影响。西方国家在经济、科技等领域的优势依然存在，在信息通信、生命科学、清洁能源、环保等领域仍走在世界前列。

区域、次区域的力量中心兴起成为多极化的重要现象。印度尼西亚、土耳其、南非、尼日利亚、哈萨克斯坦、波兰等地区强国实力和影响上升，在各自所在地区发挥着重要的作用。区域和次区域组织的影响上升。为应对世界格局转型和经济全球化的挑战，各国联合自强意识增强，欧盟、东盟（东南亚国家联盟）、非盟（非洲联盟）、阿盟（阿拉伯国家联盟）、拉共体（拉美和加勒比国家共同体）等不断加强自身建设，对内推进经济一体化，对外努力用一个声音说话，成为国际舞台上不可忽视的力量，丰富了世界多极化的内涵。

◇ 二、国际关系出现新的调整

国际力量对比变化推动国际格局深刻调整，大国关系出现一些复杂变化。

"9·11"事件后，美国一度将反恐作为战略重点。奥巴马政府上台后，把重振经济放在优先位置，明显提升了经济在对外战略中的地位，加快全球战略调整，推进亚太"再平衡"战略，加大对亚太地区的投入。欧盟主张多边主义和加强全球治理，积极扩大自身影响力，在强化大西洋伙伴关系的同时，注重发展与新兴市场国家的合作关系，力求在国际和地区事务中发挥更大作用。2008年国际金融危机后，美欧等西方国家加强经济金融政策协调。美国和欧洲国家积极推动"跨大西洋贸易与投资伙伴协定"（TTIP）、"跨太平洋战略经济伙伴关系协定"（TPP）谈判，欧盟和日本也启动了自贸区谈判。

俄罗斯加速实施强国战略，推进以"欧亚联盟"为核心的独联体一体化进程，重视发展与新兴市场国家等的关系，积极参与国际事务。

新兴市场国家和发展中国家在推动建立更加公正合理的国际秩序、增加自身在国际治理中的话语权上诉求一致，相互合作更加紧密。金砖国家机制成为新兴市场国家合作的重要平台，合作领域不断拓展，合作内容不断丰富。

亚洲地区总体保持稳定，经济持续较快发展。据统计，亚洲经济总量已占世界的30%，到2050年，亚洲经济总量将占世界经济总量的 50%。^① 随着亚洲经济的发展，国际社会更加重视与亚洲的关系，亚洲地区在国际格局中的地位进一步上升。

随着经济全球化的深入发展，各国相互联系、相互依存加深，各种全球性挑战也在增多，促使世界各国加强对话、沟通与合作，国际形势尤其是大国关系总体趋向缓和。同时，在合作协调中，一些国家围绕现实利益和长远发展斗争的一面也在上升。

第二节　经济全球化深入发展

经济全球化是世界经济发展的重要趋势，它使世界各国、各地的经济活动紧密联系、相互影响，加深了各国间的相互依存，逐步形成"一荣俱荣，一损俱损"的命运共同体。经济全球化要求各国加强互利合作，把共同利益的蛋糕做大，摒弃以往那种零和博弈、你输我赢的利益观。经济全球化与世界多极化一起深刻改变着世界，使和平、发展、合作、共赢的时代潮流更加强劲。^②

◇　一、经济全球化发展迅猛

一般认为，经济全球化的发端可以溯源到几百年前发现新大陆和新航路的开辟。之后，受战争、意识形态、经济危机等因素的影响，经济全球化的进程断断续续。到了 20 世纪八九十年代，经济全球化开始加速，成为席卷全球的浪潮。

---

① 亚洲开发银行：《亚洲 2050：实现亚洲世纪》，2011 年 8 月。
② 本节内容吸收了国务院发展研究中心对外经济研究部"中国对外开放的基础理论"课题组（课题负责人：隆国强）公开发表的相关研究成果。

20 世纪 80 年代后期以来，经济全球化蓬勃发展，速度和影响范围超过了历史上任何时期。

一方面，市场可在资源配置中有效发挥决定性作用，开放的市场经济体制成为世界各国发展经济的主流选择。这是经济全球化得以迅速发展的前提条件。

另一方面，信息技术革命成为经济全球化重要推手。其重要影响之一是降低了成本。信息技术革命和随之而起的互联网，将世界各地的政府、企业、个人和各类组织联系在了一起，大大提高了各类信息在全球传播的速度，方便了人们在全球各地进行充分的沟通交流，降低了企业在全球范围内调拨资金、人员和谈判达成交易的成本，从而大大增强了企业开展跨国经营的效率和动力。由于企业内部的信息沟通更加便捷，企业的层级结构和组织形式也随之更加精简和高效，更适于在全球范围内开展经营活动。

信息技术革命的另一个重要影响是形成了新的产业生产分工模式。信息技术产业的最大特点是模块化生产，在某个生产地点集中组装，企业的组织形式也更加扁平化和强调分工协同，通过在全球范围内选择最有效率的地点生产，提高整个企业的市场竞争力。这种全球资源协调的生产组织方式，也被应用到一些传统产业之中，如汽车、飞机制造等，深化了世界分工、提高了世界生产效率。

经济全球化迅猛发展但并非一帆风顺。2008 年爆发的国际金融危机对经济全球化造成深刻冲击。危机爆发以来，发达国家更加重视实体经济，力图通过"再工业化""就业内包"等吸引制造业和资本回流，国际保护主义进一步抬头，商品和资本流动阻力增大，对经济全球化的质疑增加。

但总的看，经济全球化将在曲折中深入发展。在应对危机和促进复苏的进程中，依托国际化生产、对外贸易和服务、资本跨境流动和技术创新，各国加大力度开拓国际市场、进行全球资源配置，经济联系更加紧密，利益交融不断加深。国际贸易和跨境投资快速恢复。跨国公司继续在全球配置资源和国际化生产布局。技术创新不断取得突破，为经济全球化创造了更有利的条件。

◇ 二、经济全球化呈现新趋势

从历史发展进程上看，发达国家长期以来一直是全球化的推动者、主导者和规则制定者。近年来，新兴市场国家和发展中国家成为推动经济全球化的重要力量。新兴市场国家和发展中国家通过对外贸易和吸收投资，逐步融入国际生产分工体系，激发了经济活力。从经济增量看，2008—2011年全球经济总量增长的近90%来自发展中国家。在未来工业化、城市化和全球价值链分工不断深化的过程中，新兴市场国家增长潜力以及对全球资源、技术、海外市场和跨境投资的需求巨大，将成为全球化的重要推动力量。生活水平的提升和中产阶层的大量出现将成为未来消费增长的新亮点，为全球化带来新的增长动力和市场机遇。

各大国都在积极推动多边经济合作。美国将推动市场开放的重点转向服务和投资，涉及成员国经济管理政策和体制等领域。美国推进TPP并不断吸收亚太区域成员加入，通过预设规则对新加入者进行资格审查且强调高标准、全面一体化的理念，如要求服装和鞋类产品所用生产原料均来自TPP成员才能享受零关税。欧盟重新修订贸易防御体系，倡导绿色经济和碳排放交易规则等。新兴市场国家也更加看重开拓国际市场和吸引跨境投资，强烈呼吁参与规则制定和全球治理的公平权利。

多边贸易自由化逐步推进。世界贸易组织多哈回合谈判举步维艰，区域和双边自由贸易区（FTA）已成为开展经济战略合作与竞争的重要手段，各国都在加快推进 FTA 战略。在解决欧债危机过程中，欧盟不断加强财政和货币一体化建设。涵盖亚太地区 16 个国家的"区域全面经济伙伴关系"（RCEP）谈判顺利进行。欧美启动两大核心市场间的双边贸易投资自由化谈判，日本与欧盟就启动"双边经济伙伴协定"（EPA）谈判达成一致。

二十国集团成为全球经济治理的重要平台。各国通过二十国集团在遏制危机蔓延、加强金融监管和政策协调、促进国际货币体系改革等方面取得初步成效，新兴市场国家已成为解决全球性问题不容忽视的力量。由于各国在全球化中的利益诉求和关注议题不同，未来全球治理的难度还将进一步加大。经济全球化将在曲折中前行、调整中发展。[①]

◇　三、经济全球化"双刃剑"效应凸显

经济全球化总体有利于世界经济的发展。经济全球化推动生产要素在全球范围内进行优化配置，关税和非关税壁垒的减少、对外国投资的开放、人员流动的便利化等，都大大促进了生产要素的国际流动，使得生产资源能够在更大的范围内合理配置，找到更有效率的生产地点，从而提高了全球经济效率。经济全球化还促进了技

---

① 详见国务院发展研究中心对外经济研究部课题组：《全球化未来趋势及对我国的影响》，《中国发展观察》2013 年第 6 期，第 18—21 页。

术和知识在世界各国的扩散，推动国际贸易的高速增长，为世界经济增长带来新的活力和机遇。

经济全球化使世界市场加速融为一体。冷战时期，世界被一堵堵有形和无形的墙隔离着，即使鸡犬相闻，也仿佛老死不相往来。苏联和美国是世界上两个超级大国，两国年度贸易额最低时不足1亿美元。当今时代，世界市场已融为一体，资本、商品、技术、人才等生产要素加速在全球范围内流动，规模不断扩大。据统计，世界出口贸易总额从1995年的5万亿美元增加到2011年的18万亿美元，全球外国直接投资（FDI）从1990年的2000亿美元增加到2011年的1.5万亿美元，各国跨国公司海外员工的数量从1990年的2100万人增加到2011年的6900万人。从20世纪80年代中期开始，世界贸易和外国直接投资占GDP的比重快速提高。

经济全球化深化了国际分工。经济全球化浪潮将发达国家和广大发展中国家都卷入进来，纳入了全球化的生产分工体系，大大拓展了国际贸易的广度和深度，从产业间贸易到产业内贸易，再到产品内贸易，国际分工日益深化。由于世界市场范围的扩大，产品产量的增长，不同地区的生产可以共享某种生产或者管理资源，导致单位产品的生产成本降低。

经济全球化为发展中国家利用后发优势实现跨越式发展提供了机遇。产业结构的世界范围梯度转移，为不同发展水平的国家适应世界范围产业结构的调整创造了条件。从理论上说，企业可以选择在世界任何一个地方生产产品、提供服务，削弱了很多国家享有的传统优势，比如地理位置、气候和自然资源方面的优势。所有国家都能利用信息技术和现代运输技术，加入全球产品与服务贸易市场，有助于缩小强势国家与弱势国家之间的差距，广大发展中国家获得了更多的发展机遇。

经济全球化加深了各国间的相互依存。发达国家之间、发展中国家之间、发达国家和发展中国家之间，都在经济全球化进程中更加紧密地联系在了一起。各国间的联系和交往日益密切，各国的利益更加融合，形成命运共同体。主权国家向国际组织让渡部分权力，包括向世界贸易组织、国际货币基金组织、世界银行和跨国公司让渡部分经济权力。全球化引导和促进各国国内规则与国际规则进一步接轨。

然而，经济全球化有时会带来风暴和灾难。经济全球化把市场经济的盲目性、自发性、滞后性、无序性等扩展到世界范围。由于各国经济紧密地联系在一起，导致经济动荡和经济萧条在国际间的传递、放大，特别是国际资本的巨额流动和国际金融投机活动的规模远远超过许多国家的抵御能力，使主权国家的经济安全受到空前巨大的压力，对发展中国家的负面影响更应引起注意。同样是两场百年一遇的大危机，20世纪30年代的大萧条冲击的主要是美欧国家，但2008年始于美国的金融危机则席卷全球，世界各国都被波及。现在不仅大国打喷嚏小国会感冒，小国风吹草动也可能产生蝴蝶效应。比如，欧洲个别中小经济体的国内债务危机快速演变为整个欧洲的主权债务危机，影响波及全球。

经济全球化影响各国经济社会秩序，冲击传统利益分配格局。结构调整的过程容易引发社会动荡，这既涉及发达国家，也涉及发展中国家。经济全球化导致工业化生产能力的大幅扩张和市场的扩大，一些国家的自然生态环境受到破坏，恐怖主义、疾病、自然灾害等跨国性问题对各国稳定造成冲击。发展中国家虽能从经济全球化中受益，但是得益要少于发达国家，而且往往要付出环境污染、传统文化被侵蚀和其他方面的代价，有些甚至可能会陷入低端分工陷阱或者中等收入陷阱等发展困局之中。

经济全球化对全球治理能力提出更高要求。全球经济发展进程失衡，贸易保护主义抬头，货币纷争加剧，金融安全问题凸显，国际贫困与社会不平等突出，全球气候环境挑战严峻，世界粮食与能源短缺的压力增大，大规模杀伤性武器呈扩散之势。面对层出不穷的全球性问题和挑战，再强大的国家仅靠自己的力量也不可能独善其身，只能靠各国合作应对。

第三节　文化多样化持续推进

当今世界，文化和发展模式多样化不断发展，不同文化、文明、发展模式、思潮理念相互交流借鉴，推动人类文明不断向前发展。

◇ 一、文化多样化是人类社会和文明发展的重要特征

文化多样化是世界文化的基本特征，主要表现为人类文明中各种民族文化的丰富多彩，体现在民族的语言文字、文学艺术、思想理论、宗教信仰、民居建筑、风俗习惯等各个方面。目前世界上有200多个国家和地区、2500多个民族、6000多种语言。不同的民族创造了各自独特的文化，不同国家和地区的人民共同创造了丰富多彩的世界文化。

文化多样化是人类文明进步的重要动力。不同文化之间都因为彼此的存在而更加精彩。离开了文化多样化，世界就失去了应有色彩，不同民族、不同文明之间开展对话与交流就无从谈起。

各国努力维护自己的文化特性，保护自己的文化主权和文化安全。如，法国就明确提出"抵抗美国的文化侵略"，并通过立法的形式加以保障。2005 年，联合国教科文组织第三十三届会议通过《保护和促进文化表现形式多样性公约》，标志着国际社会形成了关于文化多样化问题的一系列重要共识，成为保护人类文化多样化的一座里程碑。这份以公约形式首次确定保护文化多样化的世界性法律文书，记载着包括广大发展中国家在内的国际社会为捍卫世界文化多样化所进行的艰苦卓绝的努力，意味着文化多样化原则被提升到国际社会应该遵守的国际规则的高度。

总的看，文化交流互鉴已成为世界文化发展的主流。联合国把2001 年确定为"不同文明对话年"，倡导不同文化平等交流、对话与良性发展。联合国还于 2005 年成立了文明联盟，旨在促进跨国、跨文化、跨宗教信仰的相互理解与合作。2014 年 5 月在上海举行的亚洲相互协作与信任措施会议（简称"亚信"）第四次峰会重申，亚洲传统、文化和价值观的多样性是亚信成员国合作关系具有丰富内涵的宝贵因素，亚信成员国愿推进跨文化、文明、信仰间的广泛对话，鼓励彼此包容、相互借鉴和理解，取长补短，共同进步。

◇ 二、围绕发展道路和发展模式的交流与激荡增多

不同发展道路和发展模式多元共存趋势更加明显。广大发展中国家积极探索符合自身国情的发展道路，实现了快速发展，为人类社会提供了更多道路和理念选择。俄罗斯从全盘西化转变为坚定推行强国富民的发展战略。非洲国家致力于加强非洲一体化建设。东盟坚持以"东盟方式"推进区域一体化，东盟共同体建设取得积极

进展。中国坚持走中国特色社会主义道路，经济社会发展取得巨大成就。国际社会更加关注和重视中国等新兴市场国家的理念主张，加大了对中国发展道路研究的力度。

冷战结束后，西方学者福山提出所谓"历史终结论"，断言西方自由民主价值观和自由市场经济模式将一统天下。2008年爆发的国际金融危机暴露出西方国家长期积累的政治、经济、社会矛盾，美国、日本、欧洲等资本主义发展模式遇到了不同程度的困难，在全球范围内引发关于发展道路和发展模式的大讨论。西方国家内部特别是欧美之间也存在不同声音。法国、德国等欧洲国家认为，欧洲模式较好地处理了政府和市场、公有和私有、"有形之手"和"无形之手"的平衡，主张用欧洲模式引领资本主义。美国不少评论则认为，美国模式赋予个人和企业更大自由，更具活力。

第四节　社会信息化加速发展

当今世界，信息技术日新月异，对国际政治、经济、文化、社会、军事等领域发展产生巨大深刻影响。在社会信息化过程中，信息安全的重要性与日俱增。

◇　一、社会信息化深刻影响人类社会发展进程

20世纪90年代以来，信息技术不断创新，信息产业持续发展，互联网日益普及，信息化成为全球经济社会发展的显著特征，并逐步向一场全方位的社会变革演进。光纤传输技术的突破，带来全球

信息高速公路的出现，社会信息化向更高层次发展。

特别是进入 21 世纪后，信息技术加速发展的势头更加明显。移动互联网技术和网络新媒体的发展和应用，迅速改变着世界的时空距离，冲击着人类的传统生活方式、思维观念和政治社会生态。云计算和大数据技术已成为国际科学界最新前沿动向。云计算作为新一代信息技术的重要发展方向，成为支撑信息化应用和业务模式创新的核心。在云计算技术的支撑下，大数据已经成为新时代重要的战略资源。在大数据时代，无论是政府、互联网公司、IT 企业还是行业用户都面临巨大挑战和机遇。

社会信息化对人类社会的发展产生了全面而深远的影响，正在引发当今世界的深刻变革，重塑世界政治、经济、社会等领域发展的新格局。加快信息化发展，已经成为世界各国的共同选择。

社会信息化对人类生活产生根本和深远的影响。人的手与脑分别得以"延伸"和"拓展"。相较于传统工业社会，在信息化时代，人类个体获取和应用知识、信息的能力有了明显提高，创造的潜能有了空前的发挥，生活和工作空间有了极大扩展，对外部事务的感知、参与和影响度有了前所未有的提高。在此背景下，社会建设、管理的思路和方法不得不随之调整。与此同时，虚拟世界也为现实社会提供了更丰富的建设和管理手段。

社会信息化与经济全球化相互促进，推动着全球产业分工深化和经济结构调整，重塑全球经济竞争格局。信息流引领技术流、资金流、人才流，信息资源日益成为重要生产要素和社会财富，信息掌握的多寡成为国家软实力和竞争力的重要标志。

不过，信息化在促进世界经济发展的同时也带来了"数字鸿沟"问题。富国与穷国之间、发达地区与欠发达地区之间、强势群体与弱势群体之间、不同年龄层人群之间等，始终存在类型不同和程度不等的"数字鸿沟"，由此造成发展机遇的不公平。其中，发达国家和发展中国家之间的"数字鸿沟"仍在扩大，而且表现形式有所变化，特别是在大数据时代，来自硬件的"数字鸿沟"在缩小，而来自软件的"数字鸿沟"在扩大。换言之，尽管一些落后国家的技术基础设施有了一定的提升，但在信息技术及其应用的"质"的方面，与发达国家有着很大差距。

◇ 二、社会信息化时代的国家安全面临新挑战

社会信息化对人类社会的影响是一把"双刃剑"。信息技术发展以及网络社会的到来，在给人类社会带来巨大进步的同时，也在深刻改变着人类的安全观念，并使国家安全乃至国际安全面临诸多新的挑战。

首先，社会信息化正在极大地改变着传统的战争形态。信息技术革命催生新型作战样式，信息化战争正悄然登上人类战争舞台，使现代战争形态发生重大变化，是世界新军事变革的核心内容。主要军事强国将信息化广泛嵌入作战武器系统、指挥系统、后勤保障系统和训练系统等。云计算和大数据分析的应用，为情报搜集和分析提供了新途径。网络空间成为新的战争空间，不少国家纷纷制定网络空间战略，打造网络战力量。

其次，社会信息化的发展使经济安全问题日益突出。随着工业经济向知识经济的转变，经济信息化、数字化和网络化特征日趋明显，各国经济联系更加紧密，也大大增加了世界经济活动特别是金融活动的风险性。计算机病毒和"黑客"攻击等跨越国界，在全世

界泛滥，对信息化程度较高的银行、交通、商业、医疗、通信、电力等重要国家基础设施构成巨大安全隐患，成为影响国家安全和国际安全的新威胁。维护信息化时代的国家安全和全球经济安全已成为国际社会需要共同面对的重大课题。

再次，社会信息化对社会稳定的影响加大。国际互联网是个畅通无阻的虚拟世界，网络信息传播速度快、覆盖面广、互动性强。网络空间这种开放与便利，为一些寻求非法扩散政治影响的组织或个人提供了机会。以"基地"组织为代表的各类恐怖组织，利用网络空间招募人员并组织恐怖活动，甚至公然发布袭击号令。一些民族分离主义、宗教极端势力也大肆利用网络传媒蓄意挑起事端，严重危害地区安全稳定。

最后，国际上信息权成为新的战略制高点。少数国家仍牢牢控制着全球互联网唯一的主根服务器和大多数根服务器。近年来曝光的一系列监听事件，引起世界各国对信息安全的高度关注，不少国家都提出应由国际组织统一管理国际互联网的主张，推动国际网络治理朝着民主化方向发展。

社会信息化使各国在网络空间形成一个你中有我、我中有你的"命运共同体"。国际社会必须加强在应对网络威胁、制定国际网络规则等方面的合作，构建和平、安全、开放、合作的网络空间，制定广泛适用的信息安全国际法规，打造长远有效的国际信息安全合作机制。

第五节　国际安全挑战更加复杂多样

当今世界，和平与发展仍是时代主题，但世界很不安宁。各国在面临传统安全挑战的同时，还需应对日益增多的非传统安全挑战。

✧ 一、传统安全挑战依然严峻

传统安全主要指传统意义上的安全问题，其主要表现为领土主权争端、军事冲突、军备竞赛、武力干涉等形式。

领土主权争端复杂难解。当今国际上大大小小的领土争端多达近百处。具有代表性和影响较大的有：印巴克什米尔问题，阿以领土争端，英国与阿根廷的马岛争端，等等。这些争端受历史、民族、宗教、地缘政治、经济利益、大国博弈等多重因素影响，具有长期性和复杂性。

军事冲突仍时有发生。进入 21 世纪以来，美国先后发动了阿富汗战争和伊拉克战争，巴勒斯坦与以色列、黎巴嫩与以色列等都曾爆发军事冲突，马里和中非爆发较大规模冲突，苏丹和南苏丹发生边境军事冲突，南苏丹发生局部军事冲突，等等。

美国进一步强化在亚太地区的军事同盟，并宣布将在 2020 年前把 60% 的海空军力量部署到亚太地区。日本制定国家安全战略，修改"武器出口三原则"，增加防卫投入，推动解禁集体自卫权。受中东地区热点问题的影响，一些中东国家军费开支不断增长。根据瑞典斯德哥尔摩国际和平研究所 2013 年 4 月发布的报告，2012 年中东地区军费增长了 8.3%。

在和平与发展的时代背景下，传统安全挑战依然存在，对有些国家和地区甚至是首要安全挑战。

✧ 二、非传统安全挑战上升

非传统安全问题包括经济安全、网络安全、恐怖主义、环境污染、粮食安全、跨国犯罪、传染性疾病以及能源、水资源和国际航道的安全等。

相对于传统安全问题而言，非传统安全问题具有如下特点：一是来源和行为主体不同。传统安全往往源自主权国家之间的利益冲突和纷争，主要是国家和政府行为的结果。非传统安全问题的行为主体和来源则更具多样性，许多非传统安全威胁不是国家行为直接造成的，而是各类非国家行为体活动的结果。例如，与环境、人口、毒品、艾滋病和恐怖主义等有关的安全威胁，多是由个人和特殊社会群体的行为所导致。二是非传统安全问题具有更强的社会性、跨国性和全球性。非传统安全问题同特殊社会群体的个人行为直接相关。随着特定人群活动范围的扩大，非传统安全问题很容易超越国家之间的各种政治、地理、文化界限，从一个国家和地区向其他国家和地区蔓延。三是非传统安全问题治理难度大、过程长、关联性强。许多非传统安全问题根植于各国的社会、经济、文化的深层土壤中，带来的威胁关系到整个人类的生存与发展环境，不是个别国家和地区面临的局部问题。

非传统安全问题带来的挑战不断上升，越来越受到国际社会的重视。

恐怖主义成为全球公敌。国际社会在反恐领域不断加大投入，共识日益增多，合作日趋深入，取得了不少积极进展。但是，恐怖主义滋生的土壤并未铲除，国际社会面临的恐怖威胁远未消除，国际反恐形势仍然十分严峻。中国是恐怖主义的直接受害者。以"东突厥斯坦伊斯兰运动"（简称"东伊运"）为首的恐怖势力长期策划、煽动针对中国政府和人民的暴力恐怖行为，受到国际社会的广泛谴责。

　　核安全问题凸显。核安全包含"核安全"和"核安保"两个方面。"核安全"指的是核能利用安全。2011 年，海啸引发日本福岛核电站事故。事故使各国对核能安全的关切普遍提升，部分国家由于国内压力等原因放弃了核能，选择继续利用和发展核能的国家也大多提高了安全门槛。"核安保"指的是核材料和核设施的安全保卫，防止人为偷盗运输高浓缩铀等核材料。一些恐怖分子寻求获得核武器，核材料的走私和扩散日益严重，核恐怖主义问题已经提上国际合作的议事日程。

　　气候变化问题趋于严峻。近年来，受气候变化影响，全球极端天气灾害频发，给有关国家经济和人民的生命财产造成巨大损失。气候变化导致海平面持续上升，一些小岛屿国家的生存和发展面临直接威胁。气候变化还可能通过影响粮食、水资源等战略资源的供应与再分配，引发社会动荡甚至国际冲突。

▲ 2011 年，日本福岛核电站几个机组相继出现爆炸、冒烟等问题并引发核泄漏（新华社/法新）

世界粮食安全问题突出。世界粮食安全面临越来越多的非传统挑战和日趋复杂的形势，极端天气、用粮食生产生物燃料、国际游资炒作、有关国家囤积性采购，都是导致粮食短缺和国际粮价上涨的重要因素。根据联合国粮食及农业组织发布的报告，在 2011—2013 年，大约 8.42 亿（即世界 1/8）的人口长期得不到维持健康生活所需要的基本食物。

能源安全已成为影响各国可持续发展及世界和平稳定的战略性问题。能源安全包括能源的供给安全、能源的价格安全、能源的运输安全和能源消费的环境安全等。受诸多因素的影响，全球能源安全的脆弱性十分明显。加快能源相关领域研究步伐，加强全球能源治理，已成为摆在国际社会面前的重要课题。当前，全球能源版图出现重大变化，页岩气、页岩油等非常规油气开采技术异军突起，使美国和西半球成为重要能源供应地。发展中国家缺乏能源定价权，确保能源长期稳定供应面临严峻挑战。

网络安全问题已成为各国普遍面临的综合性安全挑战。网络安全涉及网络信息安全和网络设施安全等。当前，随着网络技术和物联网的发展，国家经济社会生活对网络的依赖日益加深，网络安全直接关系国计民生和国家稳定。一些网络技术发达的国家已着手酝酿"先发制人"网络打击政策，网络军事化趋势有所抬头。2013 年"斯诺登事件"暴露的"棱镜计划"就是美国政府对全球进行大规模网络监视和攻击的例证。

◇ 三、传统安全与非传统安全问题的交织及其影响

传统安全与非传统安全问题不仅紧密交织而且在一定条件下相

互转化。伊拉克、利比亚战争导致西亚北非地区局势进一步动荡，催生出新一代恐怖主义分子。网络、太空军事化倾向不断上升，成为影响国际安全的现实问题。面对复杂多变的国际安全形势，增强综合安全意识、打造综合安全保障体系的紧迫性更加突出。

传统与非传统安全交织对国际安全合作方式产生重大影响。以往，国际安全合作一般只关注国与国之间的传统安全问题，国家间通常以结盟等方式确保安全，以威慑、遏制等手段来制约对手。这种方式无法应对超国家、超地区的非传统安全威胁。非传统安全威胁使各国在安全问题上的共同利益增多，安全利益纽带更加紧密。许多非传统安全威胁单靠一国之力无法应对，各国必须加强安全合作，共同加以应对。因此，国际安全合作必须淡化排他性色彩，强化共同安全、综合安全、合作安全、可持续安全的意识，通过加强国家间对话与协作，建立防范和解决传统与非传统安全威胁的国际安全新体系。

ⓘ＿ 案 例 ＿

"9·11"事件

2001年9月11日，恐怖分子劫持了4架民航客机。其中两架撞塌了美国纽约世贸中心"双子大厦"，一架撞毁华盛顿五角大楼的一角，另一架坠毁。这一系列袭击导致3000多人死亡，并造成数千亿美元的直接和间接经济损失。

美国认定"基地"组织领导人本·拉登是主要嫌犯，动员全军、全国向恐怖主义宣战。2001年10月，美国联合北约展开了对庇护"基地"组织的阿富汗塔利班政权的大举攻击，打垮了塔利班政权，占领了阿富汗。2003年3月，美国又以伊拉克拥有大规模杀伤性武器及与本·拉登相勾结为由，发动伊拉克战争。2011年5月，美国在巴基斯坦击毙了本·拉登。

"9·11"事件凸显了以恐怖主义为代表的非传统安全威胁对世界和平与稳定构成的严重挑战。恐怖主义严重危害国际社会和平与安全，被视为人类社会的公敌。国际反恐合作正在开展，联合国发挥了重要作用。2006年9月，第60届联合国大会一致通过了有关在全球范围内打击恐怖主义的《全球反恐战略》，以协调和加强联合国各个成员国在打击恐怖主义方面的努力。上海合作组织把打击恐怖主义作为一项中心任务，并与联合国反恐委员会、欧洲安全与合作组织等国际组织开展反恐交流。各国之间还就反恐问题进行双边沟通与合作，如2002年中印建立了双边反恐磋商机制。

当前，恐怖主义滋生的土壤并未被铲除，国际反恐斗争任重道远。反恐不应采取"双重标准"，也不应将恐怖主义与特定的民族、宗教相联系。国际社会应以《联合国宪章》和其他公认的国际法准则为基础，充分发挥联合国及其安理会的主导作用。

本章小结

国际形势的发展特点和演变趋势主要表现为五个重要方面：

一是世界多极化更趋明朗并导致国际格局深刻调整演变。新兴大国的崛起使世界多极化的趋势更加明显。传统大国、新兴大国之间及其内部关系出现调整，从而推动国际格局加速演变。

二是经济全球化深入发展并导致世界各国相互依存加深。经济全球化的本质是市场的扩张，科技革命是其发展过程中的重要推动力，跨国公司是主要载体。经济全球化是一柄"双刃剑"，对一些国家而言既是机遇，也是挑战。经济全球化使各国利益紧密相连，要求各国加强互利合作。

三是文化多样化持续推进并导致价值观念与发展道路的交锋交流同步上升。当前，文化多样化持续推进。我们应以高度的文化自觉和文化自信，积极维护和促进世界文化多样化的发展和交流互鉴。

四是社会信息化加速发展并深刻影响人类社会发展进程。社会信息化的发展创造着新的经济活动形态、新的社会管理模式、新的生活方式，使得人们的社会生活水平和生活质量得到改变，并推动了社会进步，同时也给国家安全带来新的挑战。新的信息技术应用必将给人类生活的一系列领域带来新的巨大变化。

五是传统安全与非传统安全问题交织并导致国际安全挑战更加复杂多样。在传统安全领域，国家内部和国家之间的矛盾和冲突难以消除。军备竞赛难以控制，采用武力解决争端的风险依然存在。在传统安全问题无法消除的同时，非传统安全挑战也在不断发酵。世界将面临更复杂的安全局势，需要加强国际合作。

重要术语解释

新兴市场国家：一般特指市场经济体制逐步走向完善，经济发展速度较快，市场发展潜力大，通过体制改革与经济发展而逐渐融入全球经济体系的国家。国际机构对新兴市场国家的范围界定并不统一，金砖国家是新兴市场国家的代表。

多边贸易体系：主要是指 1947 年诞生的关税及贸易总协定（GATT）以及 1995 年取而代之的世界贸易组织。这一体系的宗旨在于通过组织多边贸易谈判来增加国与国之间的贸易、规范贸易行为和解决贸易纠纷，从而使国际贸易更加自由、资源得到更有效的配置、争端得到更公正及时的解决。在多边贸易体系下，需要与多国发生贸易关系的国家，可同时在一个平台上与多个贸易伙伴进行谈判，达成适用于各伙伴国的统一协议，而不用与各国分别达成不同协议，从而大大降低了国际贸易成本，促进了国际贸易量的快速增长。

软实力：是由美国国防部前助理部长、哈佛大学教授约瑟夫·奈提出来的概念，是指一国的文化、价值观念、社会制度、发展模式的国际影响力与感召力，包括意识形态的吸引力、政治价值的亲和力、文化（包括民族文化和通俗文化）的感召力、在国际政治中的结盟能力、利用现有国际组织的能力等。

思考题

1. 世界多极化对国际关系的影响是什么？

2. 在经济全球化深入发展的背景下，如何增强国家抵御国际经济金融风险的能力？

3. 社会信息化对我们的思维有哪些影响？

4. 非传统安全问题的发展趋势是什么？我国面临哪些非传统安全问题？

第二章

中国与世界的关系发生历史性变化

第一节 中国的国际地位和影响力持续上升

新中国成立以来特别是改革开放以来，中国综合国力显著增强，与外部世界利益交融不断扩大，国际地位和影响力大幅上升，中国与外部世界的关系发生历史性变化。

◇ 一、中国的综合国力显著提升

中国经济持续快速发展。中国 GDP 2000 年超过意大利，居世界第六位；2005 年超过英国和法国，居世界第四位；2008 年超过德国，居世界第三位；2010 年超过日本，居世界第二位。2013 年，中国 GDP 达到 568845 亿元 [①]（超过 9 万亿美元）。2014 年，中国 GDP 有望突破 10 万亿美元大关。与此同时，我国人均 GDP 不

---

① 国家统计局：《2013 年国民经济和社会发展统计公报》，国家统计局网站。

断提高，成功实现从低收入国家向中等收入国家的跨越。[1]

国家财力大幅增强，外汇储备规模稳居世界第一。2011 年，中国财政收入突破 10 万亿元人民币，达到 103874 亿元，比 2002 年增长 4.5 倍，年均增长 20.8%。2013 年中国财政收入已近 13 万亿元。中国外汇储备 2006 年年末突破 1 万亿美元，超过日本居世界第一位，2009 年年末突破 2 万亿美元，2011 年年末突破 3 万亿美元，2014 年第二季度末达到 3.99 万亿美元，再创历史新高。

主要工农业产品产量稳居世界前列。按照国际标准工业分类，在 22 个大类中，我国在 7 个大类中名列第一，钢铁、水泥、汽车等 220 多种工业品产量居世界第一位。谷物、肉类、籽棉、花生、茶叶和水果产量均稳居世界第一位；油菜籽、甘蔗和大豆产量位居世界前列。[2]

货物贸易和服务贸易大幅提升。中国自 2009 年成为世界货物出口第一大国。2013 年中国货物进出口总额首次突破 4 万亿美元大关，并以 4.16 万亿美元成为全球货物贸易第一大国。改革开放 30 多年来，特别是加入世贸组织以来，中国进出口贸易实现跨越式发展，几乎每 4 年翻一番。中国服务贸易也飞速发展，服务贸易总额[3] 从 2001 年的 719 亿美元上升为 2013 年的 5396 亿美元，仅次于美国和德国而位居世界第三。

利用外资规模跃居世界第二，对外直接投资升为世界第三。

---

[1] 根据世界银行数据，我国人均国民总收入由 1978 年的 190 美元上升至 2012 年的 5680 美元，按照世界银行的划分标准，已经由低收入国家跃升至上中等收入国家。

[2] 国家统计局：《改革开放铸辉煌 经济发展谱新篇——1978 年以来我国经济社会发展的巨大变化》，《人民日报》2013 年 11 月 6 日。

[3] 按国际收支口径统计，不含政府服务。

1979—2012 年，实际使用外商直接投资 12761 亿美元，1984—2012 年以年均 18.0% 的高速度增长。[①] 2013 年实际使用外商直接投资 1176 亿美元。我国已连续多年成为吸收外商直接投资最多的发展中国家，世界排名也上升至第二位。2012 年，在全球外国直接投资流出流量较上年下降 17% 的背景下，中国对外直接投资创下流量 878 亿美元的历史新高，同比增长 17.6%，首次成为世界三大对外投资国之一。截至 2012 年年底，中国对外直接投资累计净额（存量）达 5319.4 亿美元，居全球第 13 位。

国际竞争力大幅增强。进入世界 500 强的企业数大幅增加。据美国《财富》杂志统计，中国（包括台湾）进入世界 500 强企业数量从 2005 年的 23 家增加到 2014 年的 100 家，仅次于美国的 128 家，位列全球第二。中国在机构、基础设施、宏观经济环境、健康与教育培训、商品市场效率等方面的国际竞争力都有了显著增强。据世界经济论坛《2013—2014 年全球竞争力报告》[②] 测算，中国国际竞争力在 148 个国家和地区中排名第 29 位，而 2005 年在被评估的 117 个国家和地区中仅排名第 49 位。

创新能力显著提升。根据 2014 年世界知识产权组织发布的《中国居民国际专利申请战略研究》报告，在 20 世纪 90 年代初，中国的国际专利申请数量还与其他快速发展的中等收入经济体不相上下，但到了 2000 年左右，中国脱颖而出成为国际专利申请方面

① 国家统计局：《改革开放铸辉煌　经济发展谱新篇——1978 年以来我国经济社会发展的巨大变化》，《人民日报》2013 年 11 月 6 日。

② 自 1979 年以来，世界经济论坛每年发布一份全球竞争力报告，报告的竞争力排名基于 2004 年引入的全球竞争力指数，该指数由制度、基础设施、宏观经济环境、商品市场效率等 12 个类别的指标组成。2011 年 10 月，该机构宣布调整竞争力评价方式，引入可持续发展因素，将"可持续发展竞争力指数"作为竞争力排名的重要衡量标准。

的主要参与者。中国国际专利申请数量在 2000 年之后开始大幅增长，在 2000 年至 2005 年间年均增长率达到 40%，2005 年至今仍维持在 23% 的高位。2013 年，我国通过《专利合作条约》(PCT) 提交的国际专利申请量首次突破 2 万件，仅次于美国和日本，已跃居世界第三。作为检验自主创新能力的一把标尺，近年来我国 PCT 国际专利申请量的快速增长，反映了我国企业市场化竞争能力的提升。

✧ 二、中国的国际影响力不断增长

随着中国的快速发展，中国的国际地位不断上升。中国坚持和平发展、互利共赢，把自己的发展寓于世界各国的共同发展之中。中国的发展为世界提供了机遇，中国在国际经济、政治、安全合作中的作用不断加强。

中国在国际经济格局中的分量上升。中国已成为世界第一工业生产国、世界第一贸易大国。2011 年，中国工业生产总值是美国的 120%、日本的 235%、德国的 346%，成为全球 124 个国家的最大贸易伙伴。在经济总量上，中国 GDP 占全球 GDP 的比重从 2005 年的 5.0% 上升到 2013 年的 12.3%。

中国成为世界经济的重要引擎，对世界经济的贡献不断提高。2008 年国际金融危机爆发以来，我国 2008—2012 年对世界经济增长的年均贡献率超过 20%。[①] 到 2014 年年初，我国经济

---

① 国家统计局：《改革开放铸辉煌　经济发展谱新篇——1978 年以来我国经济社会发展的巨大变化》，《人民日报》2013 年 11 月 6 日。

对世界经济增长的贡献率已接近30%。[①] 世贸组织发布的2013年贸易报告显示，目前在159个世贸组织成员中，中国是107个成员的前三大进口来源地，也是42个成员的前三大出口市场，中国还是48个最不发达国家最大的出口市场。2006—2013年，中国累计进口商品和服务约10万亿美元。中国每年大量进口带动了贸易伙伴的就业和发展。中国成为全球第一贸易大国，是第二次世界大战以来世界贸易格局出现的最显著变化，影响了世界各国民众的生活与生产方式。全世界都在享受着质优价廉的中国制造商品。

中国是国际体系的参与者、建设者和贡献者，在国际事务中的影响力不断上升。中国是联合国安理会常任理事国，在国际维和行动、国际人道主义救援行动及国际教育、科技、人文交流活动中都扮演着重要角色。中国积极参与解决朝鲜半岛核问题、伊朗核问题、中东问题、叙利亚问题、阿富汗问题等国际和地区热点问题，主动做各方工作，提出"中国方案"，为缓和矛盾、维护地区和世界和平发挥了重要作用。中国本着"共同但有区别的责任"原则，在共同应对气候变化等全球性挑战方面作出了重要贡献。

中国在国际体系中的发言权和代表性得到提高。2010年，世界银行发展委员会通过了"发达国家向发展中国家转移投票权"的改革方案，中国在世行的投票权从2.77%提高到4.42%，成为仅次于美国和日本的第三大股东国；国际货币基金组织执董会也通过了份额和治理结构改革方案，如改革顺利实施，中国的份额将

---

① 《中欧友谊和合作：让生活越来越好》，《人民日报》2014年3月30日。

▲ **2013 年 11 月 28 日，由西安开往哈萨克斯坦阿拉木图的首趟国际货运班列正式开行**

（新华社记者　刘潇／摄）

从目前的 3.996% 升至 6.394%，投票权升至第三位，超越德国、法国和英国，仅排在美国和日本之后。更多中方代表在国际组织担任重要职务。

中国发展道路及理念产生广泛全球反响。2008 年国际金融危机爆发后，中国政府采取一系列重大举措，在全球率先实现经济企稳回升，成为世界经济增长的主要引擎之一，彰显了中国特色社会主义制度的活力，在国际上提高了中国发展道路的影响力和吸引力。美国《新闻周刊》评论称，中国是此次危机中唯一没再出现信贷危机或信任危机的大国，这彰显了"中国模式"强大的适应性和竞争力。

ⓘ _ **案 例** _

加入世贸组织使中国全面融入世界经济体系

2001 年 12 月 11 日，中国正式加入世贸组织，成为其第 143 个正式成员。中国正式接受了世贸组织所倡导的市场经济体制的基本原则、基本制度，也对进一步开放中国贸易与投资市场作出一揽子承诺。

中国加入世贸组织之初，国门大开，关税大幅削减、外资门槛降低，外资企业"狼来了"，一度让中国企业对前景感到恐慌。

中国加入世贸组织后，不断向国际规则靠拢，很多国际通行规则成了中国扩大对外开放和发展市场经济的基本政策。为使中国的法律环境与世贸组织规则相一致，中国开展了大规模的法律清理工作，修订了 2300 多份法律法规和数十万份政府文件。与此同时，无论是中国企业还是中国政府，都在逐渐由学习和接受国际市场规则转向主动运用规则维护自身合法权益。

中国加入世贸组织将中国对外开放推向一个崭新的高度，有力推进了社会主义市场经济的完善。加入世贸组织不仅使中国享受了全球经济一体化大潮的红利，更使得开放、规则和竞争等理念深入人心，增强了中国发展的内在动力。

中国加入世贸组织在很大程度上成就了"中国奇迹"。依靠外需的发展模式使中国从多边贸易体制中受益，走出国门的"中国制造"更是成为中国最响亮的国家名片，"世界工厂"的崛起则为中国换来了发展的"黄金十年"。加入世贸组织促进了中国经济的强劲增长。10年间，中国从世界第九大经济体跃升至第二大经济体，从世界第六大出口国跃升为第一大出口国。中国的国家外汇储备增长至近19倍，由2001年的2122亿美元增至2014年第二季度末的3.99万亿美元。

中国加入世贸组织使中国企业学会了"与狼共舞"。引入外国竞争者并没有击溃中国的"弱势"产业，反而使其获得了更强的竞争力。以零售业为例，乐购、沃尔玛和家乐福等国际零售业大亨的到来和快速扩张并未将中国本土企业逼入绝境，反倒是令中国本土企业在竞争中学习、成长，一批如苏宁、国美等特大型本土零售商在激烈的市场竞争中成长起来。

中国成为世贸组织的优等生。对于中国加入世贸组织以来的表现，世贸组织前总干事拉米说："尽管我不能打出100分，但我愿意给予A+的评价。"

中国加入世贸组织的经历和成就告诉我们：一要顺应经济全球化的时代潮流，抓住时机推进改革开放，融入世界经济一体化进程，享受其带来的红利；二要积极引进国际通行规则并善加利用，及时修订国内法律法规和相关政策文件；三要敢于"与狼共舞"，善于向对手学习，不断增强本国企业的竞争力；四要增强开放、规则和竞争意识，并学会主动运用规则维护自身合法权益。

第二节　中国与世界的紧密联系前所未有

中国的前途命运日益紧密地同世界的前途命运联系在一起。中国与世界的关系从来没有像今天这样密切，互动从来没有像今天这样频繁，相互影响也从来没有像今天这样广泛和深入。中国与世界的关系如何，不仅影响中国的前途，也关乎世界的未来。

◇　一、中国融入国际体系的程度不断加深

近代以来，西方列强利用"坚船利炮"打开了中国的大门，迫使中国由"闭关锁国"到"门户开放"。中国逐步沦为半殖民地半封建社会，中华民族遭受了百年屈辱。从鸦片战争到新中国成立的百年岁月，中国人民被帝国主义列强蹂躏，被迫签订1000多个不平等条约。

新中国成立后从根本上改变了中国与世界的关系，"中国人民从此站起来了"。新中国奉行独立自主的和平外交政策，坚持在和平共处五项原则基础上积极发展对外关系，打破了以美国为首的帝国主义阵营对新中国的封锁，恢复了在联合国的合法席位，与各国的关系全面推进，逐步扩大了与世界的联系和交往，与世界的纽带越来越紧密。

经济上，形成了全方位、立体化、宽领域的对外开放格局。改革开放以来，大致经历了这样几个阶段：第一个阶段是20世纪80年代初至90年代初，"引进来"是主要特点。中国打开国门，积极引进并有效利用了大量海外资本，与世界经济逐步建立起紧密联系，日渐成为世界上一个巨大的产品消费市场和最具吸引力的投资目的地。第二个阶段是20世纪90年代初至2001年，"融入国际机

制"是主要特点。中国学习和利用国际通用规则，广泛开展国际合作，加入了几乎所有重要的国际和区域经济组织。中国经济与世界经济的联系逐步制度化，成为世界经济体系的重要组成部分。第三个阶段是 21 世纪头十年，"走出去"是主要特点。中国企业积极对外投资，开拓国际市场，能源资源产地、企业、资本分布在世界各地，航线遍及各大洋；中国在国际事务中的地位与作用更加突出。

2013 年中国开启了新一轮改革开放的壮丽征程。党的十八届三中全会为全面深化改革指明了前进方向，吹响了新的历史起点上改革开放的集结号。中国将推动对内对外开放相互促进、"引进来"和"走出去"更好结合，促进国际国内要素有序自由流动、资源高效配置、市场深度融合，加快培育参与和引领国际经济合作竞争新优势，以开放促改革。中国将通过放宽投资准入、加快自由贸易区建设、扩大内陆沿边开放等战略举措，打造全方位开放新格局。

政治上，中国全方位推进对外关系与国际合作。中国同 170 多个国家建立了外交关系，参加了 100 多个政府间国际组织，签署了 300 多个国际公约，同几十个国家和区域组织建立了战略伙伴关系和全方位合作伙伴关系，在联合国、世界贸易组织等全球性国际组织和二十国集团、金砖国家等新兴国际机制中发挥着重要作用，成为亚太经合组织（APEC）、上海合作组织、亚信、东亚"10+3"机制、东亚峰会、博鳌亚洲论坛等区域组织、机制中的重要力量。

安全上，中国是维护世界和平事业的重要力量。中国是联合国安理会 5 个常任理事国中派遣维和军事人员最多的国家，是联合国 115 个维和出兵国中派出工兵、运输和医疗等保障分队最多的国家，是缴纳维和摊款最多的发展中国家。中国参加了近 30 项联合国维和行动，累计派出维和人员约 2.7 万人次。截至 2014 年年初，中国共有近 2200 名维和人员在马里、刚果（金）、南苏丹等 10 个任务区执行任务。[①] 中国海军在亚丁湾、索马里海域开展常态化护航行动，与多国护航力量进行交流合作，共同维护国际海上通道安全。中国军队与外军海上联演联训不断拓展。上海合作组织框架内联合反恐军事演习机制化发展。2002 年至 2012 年，中国人民解放军依据协议或约定与 31 个国家举行了 28 次联合演习、34 次联合训练，对于促进政治军事互信、维护地区安全稳定和加强军队现代化建设发挥了积极作用。[②]

人文上，中国与世界各国的交流互鉴不断深入。通过开办孔子学院和孔子课堂、设立中国文化中心、与有关国家互办文化年等，中国文化得以广泛传播，中国国学和汉语等在很多国家受到推崇。中国成功举办北京奥运会和上海世博会，在世界文化领域产生深远影响。中国积极参加国际文化组织，加强与世界文化的交流，在借鉴其他国家优秀经验的同时为世界文化发展作出了重要贡献。中国与世界各国的人员交往越来越密切。中美两国每天有上万人穿梭于太平洋两岸。2013 年，中国与东盟之间的人员往来超过 1500 万人次，双向留学生人数超过 18 万，每周往来的航班上千个。2014 年，中国与韩国签订扩展航空服务协议，决定把两国间的航线从目前的 45 条大幅增加到 62 条，每周航班由 426 次增至 516 次。

---

① 常驻联合国副代表王民大使在联大维和特委会 2014 年届会一般性辩论上的发言，中华人民共和国常驻联合国代表团网站。
② 中华人民共和国国务院新闻办公室：《中国武装力量的多样化运用》，人民出版社 2013 年版。

◇ 二、中国与世界的命运已经紧紧相连

在当今世界，各国相互联系、相互依存的程度空前加深，人类生活在同一个地球村里，生活在历史和现实交汇的同一个时空里，越来越成为你中有我、我中有你的命运共同体。[①]

中国与世界一荣俱荣。中国的发展越来越离不开世界市场和海外能源资源。中国的经济总量和进出口额占世界比重均已超过10%。2013年，中国进出口贸易额约占GDP的45%，世界市场的波动都会对中国国内经济产生影响。中国能源对外依存度也在攀升，在石油、天然气领域已经分别达到约60%和30%，海外能源安全的重要性不断上升。中国已经深深融入国际分工体系，以一部"中国制造"的iPhone手机为例，其零部件来自10多个国家，包括34%的日本产品，17%的德国产品，13%的韩国产品，6%的美国产品。中国与外部世界已成为同呼吸、共命运的利益共同体。

中国与世界安危与共。在全球化和信息化时代，安全问题具有很强的传导性和联动性。国际安全问题国内化与国内安全问题国际化更加凸显。例如，近年来国际恐怖主义活动日益猖獗，使我国国内面临的恐怖主义威胁不断上升，直接影响国内社会稳定乃至广大人民生命安全。此外，国际经济金融安全、能源安全、粮食安全、网络安全、自然灾害、公共卫生等各类非传统安全挑战突出，对中国维护自身安全也有影响。中国作为国际社会的重要一员，肩负着

---

① 习近平：《顺应时代前进潮流　促进世界和平发展——在莫斯科国际关系学院的演讲》，《人民日报》2013年3月24日。

与世界各国携手应对各类全球性安全挑战的责任，发挥着重要积极作用。

事实已经证明并将继续证明，中国的发展离不开世界，离不开世界总体和平、周边总体稳定这样的大环境，离不开国际市场、资源、资金、技术和人才，离不开对人类一切优秀文明成果的吸收学习。国际政治、经济、安全形势的发展变化，紧密牵动着中国经济社会的稳定和发展。同样，世界的和平与发展也离不开中国。中国与世界的关系将朝着联系日益紧密的命运共同体方向不断迈进。

第三节　中国外交站在新的历史起点上

从国家发展的一般规律来看，一个国家发展历程中有两个比较困难的阶段：一是积贫积弱的阶段，二是发展到一定程度要向上爬坡的阶段。当前中国正处在中华民族伟大复兴的关键时期，中国外交面临许多从未遇到过的"成长的烦恼"。因此，既要看到我国当前综合国力、国际地位和影响显著提升、发展机遇不断增多，也要常怀忧患意识，清醒认识各种挑战。

◇　一、中国外交的内涵和外延更加多元

随着世情国情的发展变化，中国与外部世界的关系发生历史性变化，中国外交的内涵与外延进一步延伸，工作任务更加繁重。

国家利益日益向海外拓展。2013 年，中国出境人数超过 9800 万人次，很快将超过上亿人次。中国在全球投资不断增加，在海外中资企业超过 2 万家，中国经济的对外依存度不断上升。中国同外

部世界的利益融合不断加深，海外利益全方位、多层次、高速度拓展，成为中国国家整体利益不可分割的重要组成部分。

国家实力建设逐步向硬软两种实力并重的方向拓展。围绕软实力的国际竞争加剧，与西方发达国家相比，中国软实力建设亟须加强，需进一步将经济发展的硬实力更多地转化为在国际政治、安全、文化等领域的影响力。

国家对外经贸合作日益呈现贸易和对外投资双轮驱动的特点。中国已经是世界第一货物贸易大国，与此同时，中国对外投资也呈蓬勃发展之势。未来五年，我国对外直接投资有望超过5000亿美元，成为名副其实的资本输出大国，服务于中国商品、人员、技术、服务、理念在更大范围内"走出去"的任务巨大。

深海、太空、网络、极地已成为全球战略竞争的新高地，也是我国外交的新领域。主要大国纷纷出台网络、太空、极地等战略，围绕这些领域的合作和竞争都在发展。

中国已成为现行国际体系和秩序的全面参与者，需要更多地参与国际多边合作，增强我国在国际体系内的发言权和代表性。

外交工作的传统领域和新兴领域都在不断拓展。外交在积极为国内经济社会发展争取更多外部有利条件的同时，更加依靠发展、服务发展、促进发展，更加积极参与到国内现代化建设中来，与国家总体发展越来越紧密衔接、相辅相成。

◇ 二、中国面临的外部环境更加复杂

中国的国际地位不断上升的同时，与外部世界的关系也进入了深度磨合期，面临的外部环境更为复杂。

深度调整的世界格局。国际关系发生复杂变化，中国作为最大的发展中国家和新兴市场大国，受到国际社会的广泛关注，面临的机遇上升的同时挑战也在增加。

错综复杂的安全环境。传统安全与非传统安全挑战相互交织。朝核问题等地区热点问题长期得不到解决。地区局部冲突时有发生。国际反恐形势严峻，恐怖主义、分裂主义、极端主义"三股势力"对我国安全构成威胁。

复杂多变的外部经济环境。世界经济处于深度调整期，存在不稳定不确定因素。发达经济体存在赤字、债务、就业等诸多结构性难题，加强宏观经济政策协调难度较大。一些新兴市场国家经济增长内生动力不足，实现发展面临不少困难。世界贸易组织多哈回合谈判进展缓慢，贸易和投资保护主义有新的发展。我国经济发展的外部环境更加复杂。

西强东弱的国际舆论环境。一些西方媒体在承认中国经济发展成就和国际影响力上升的同时，仍存在不少误解和偏见，"中国威胁论"不时出现。

✧ 三、新形势下中国外交大有可为

面对新形势新任务新挑战，围绕实现"两个一百年"奋斗目标和中华民族伟大复兴的中国梦，中国外交站在新的历史起点上，迎来发展的新时期。今后一段时间，国际和地区形势仍将在动荡和变革中演进，外交服务国内改革发展稳定的任务将更加艰巨。我们要积极进取、顺势而为、创新思路，不断开拓外交工作新局面。

要认真贯彻领会新一届中央领导集体关于外交工作的新思想新

论断新要求，进一步推进外交理论和实践创新。不断扩大我国国际影响力，为我国的经济社会建设营造更加有利国际环境，为中华民族伟大复兴中国梦的实现作出新的更大贡献。

要进一步完善对外战略的整体规划和设计。客观冷静看待中国的实力地位，借鉴世界其他国家的有益经验，进一步完善总体外交布局，做好大国、周边、发展中国家、多边及各领域外交工作。妥善处理维护国家利益与增进同各国共同利益的关系，把中国的发展同世界各国共同发展结合起来，实现合作共赢。

要进一步全面加强对新形势下外交工作的统筹协调。加强中央对外交外事工作的集中统一领导，发挥好各部门各地方在国家总体外交中的作用，整合资源，形成合力，使外交工作更好地服务于国家经济社会发展。

▌本章小结▌ ……………

党的十八届三中全会吹响了改革开放的新号角，开启了中国进一步融入世界的新征程。中国成为国际体系的积极参与者、建设者、贡献者。中国与世界的前途和命运日益紧密地联系在一起，在政治、经济、文化、军事等各领域联系愈加密切，国内国际两个大局相互影响加大，相互作用增强。

改革开放特别是进入 21 世纪以来，中国综合国力显著增强，国际地位大幅提升，在国际事务中的作用日益增强。与此同时，随着中国国际地位的上升，中国与外部世界的关系也面临着深度调整。

今天的中国外交正处于这样的历史方位：世界处于格局演变的重要阶段，中国处于民族复兴的关键时期。未来几十年对中华民族而言，既是一段振奋人心的岁月，同时也将是一段克服各种风险挑战的旅程。外交工作既面临难得的机遇，也面临不少难题和挑战，中国外交处在向更高层次发展的历史新起点。

重要术语解释

"走出去"战略：又称国际化经营战略，是指中国企业充分利用国内和国外"两个市场、两种资源"，通过对外直接投资、对外工程承包、对外劳务合作等形式积极参与国际竞争与合作，实现我国经济可持续发展的现代化强国战略。

综合国力：是评价一国国际地位的根本依据，指一个国家所拥有的全部实力和潜力，表现为一个国家通过有目的的行动追求其战略目标的综合能力，一般指的是国家各类战略资源之总和。它是国家在国际社会中地位高低和作用强弱的主要标志，反映一个国家生存与发展的内在能力与在国际社会中发挥影响的外在能力。如何界定和衡量一个国家综合国力或战略资源，国际上尚无统一的定义和计算方法。一个国家的综合国力既包括由经济、科技、军事实力等表现出来的"硬实力"，也包括以文化和意识形态吸引力体现出来的"软实力"。

"三股势力"：指的是在中亚地区泛滥的暴力恐怖主义、民族分裂主义和宗教极端主义。2001 年 6 月 15 日，上海合作组织签署《打击恐怖主义、分裂主义和极端主义上海公约》首次明确定义了"三股势力"。"三股势力"虽然各自表现形式不同，但其敌视国家、危害社会、戕害人民的本质是一样的。中国与俄罗斯、中亚等国深受"三股势力"困扰，坚决主张予以打击。

"中国威胁论"：是国际上对中国进行批评和围堵的一种言论。该言论由来已久，19 世纪国际上即有"黄祸"等多种渲染中国威胁的说法。当代版的"中国威胁论"出现于冷战后,包含多个变种,如"中国军事威胁论""中国经济威胁论""中国粮食威胁论""中国生态环境威胁论""中国网络威胁论",等等。化解"中国威胁论",增进国际社会对中国发展的理解和认同,促使国际社会客观地看待一个真实的中国,是中国对外工作一项重要任务。

🖊 思 考 题

1. 我国为何要倡导命运共同体意识?

2. 如何把我国经济实力转换成国际影响力?

3. 如何增强我国的国际话语权?

4. 我国外交面临新问题新挑战与自身发展之间的关系是什么?

5. 为什么说中国与世界的关系日益紧密?其动因何在?

第 三 章

新中国外交光辉历程

第一节　中国外交基石的奠定

1949 年 10 月 1 日，中华人民共和国成立，中国外交掀开了崭新篇章。以毛泽东同志为核心的党的第一代中央领导集体坚定维护国家的主权和安全，在独立自主的基础上同世界各国发展外交关系。新中国以崭新的姿态登上国际舞台。

◇　一、开创独立自主的新中国外交

新中国成立伊始，国际形势最明显的特点是美苏冷战和东西方阵营的对峙。美国决策者出于冷战考虑选择了扶蒋反共的政策。根据对国际形势以及中国所处内外环境的估计和判断，新中国确立了"另起炉灶""打扫干净屋子再请客"和"一边倒"的外交三大方针。

"另起炉灶"就是不继承旧中国政府与外国政府建立的不平等外交关系，在新的基础上建立新中国的对外关系。"打扫干净屋子再请客"就是要把近代以来帝国主义列强通过不平等条约在中国获得的特权与势力清除干净以后再谈与它们建立外交关系的问题。"一边倒"就是与苏联结成同盟，联苏抗美，坚定地站在社会主义阵营一边，并联合世界上一切爱好和平的国家和人民，同帝国主义的侵略政策和战争政策进行坚决的斗争。

三大方针相辅相成，体现了新中国独立自主的外交政策。在三大方针的指引下，新中国有步骤、有计划地废除了一切不平等条约，肃清了帝国主义列强在华特权。与此同时，新中国组建了新的外交队伍，并同一大批国家建立了外交关系，稳固了中国的国际地位。这为新中国执行独立自主对外政策提供了基本保证。这里需要强调的是，尽管新中国奉行"一边倒"的外交方针，但这里的"一边倒"指的是站在社会主义阵营一边，在国家关系上是以独立自主为前提的，并非是听命于他人，做别国的附庸。

新中国外交独立自主的本色还体现在和平共处五项原则之中。和平共处五项原则即互相尊重领土主权，互不侵犯，互不干涉内政，平等互利，和平共处。1953 年 12 月 31 日，周恩来在接见来访的印度代表团时首次提出这五项原则。次年 6 月，周恩来出访印度、缅甸，中印、中缅总理分别在联合声明中共同倡导把和平共处五项原则作为国际关系的准则，和平共处五项原则得到了亚洲各国的广泛认同。

1955 年 4 月 18 日，第一次亚非会议在印尼万隆召开，在以周恩来为首的我国代表团努力下，会议最终制定并通过了包括和平共处五项原则全部内容在内的关于国与国之间和平相处、友好合作的十项原则，并且正式写进《亚非会议最后公报》，成为其中《关于促进世界和平和合作的宣言》最重要的基本内容。中国政府"求同存异、和平共处"的政策得到了更多亚非国家的响应。

继 1955 年万隆亚非会议之后，和平共处五项原则在许多重要的国际会议和一系列国际文件中被不断引用。1970 年和 1974 年联合国大会通过的有关宣言都接受了和平共处五项原则。1972 年中美联合公报也重申各国不论社会制度如何，都应根据和平共处五项原则来处理国家关系。

◇ 二、支持亚非国家争取民族独立斗争

继 20 世纪 40 年代末第一轮民族解放浪潮之后，50 年代中后期，亚非民族独立解放运动又一次蓬勃、广泛地发展起来。中国积极支持亚非各国的民族解放运动，为反帝反殖、促进国际合作作出了重大贡献。

20 世纪 50 年代末至 60 年代初期，非洲民族独立运动掀起了新高潮，中国给予了多方面的支持和援助。中国支持埃及收回苏伊士运河主权，对埃及人民抗击侵略表示支持；承认阿尔及利亚共和国临时政府，并从政治、经济等各方面支持阿尔及利亚民族解放运动。

在南非反对种族主义运动中，中国人民也给予了坚定的支持。1960 年南非发生了白人种族主义政权镇压黑人解放组织的事件，造成了震惊世界的流血惨案。中国政府对南非殖民当局进行了外交和经济制裁，支持南非人民的正义斗争。

在亚洲地区，中国支持越南、老挝、柬埔寨三国人民的抗美救国战争，体现了中国国际主义和爱国主义的精神。

与此同时，出于反帝反殖以促进国际进步的目的，中国从 20 世纪 50 年代中期起，在打开对外局面的同时，对一些国家给予经济援助。周恩来曾三次出访亚非国家，并在第三次访问过程中阐述

了中国处理同阿拉伯国家和非洲国家关系的五项原则和对外经济技术援助的八项原则。这些原则的提出和实施树立了中国在对外交往中求和平、求团结、真诚相待、不谋私利的形象。

中国对广大亚非拉国家反对殖民主义、种族主义和侵略干涉的民族解放运动给予坚决支持，并对这些国家提供了无私援助，赢得了这些国家的友谊和信任，也赢得了良好的国际声誉。从 20 世纪 50 年代末到 60 年代中期，中国对外关系史上出现了以与亚非民族独立国家建交为基本特点的建交高潮。

✧ 三、提出"三个世界划分"的理论

进入 20 世纪 60 年代，国际局势出现新的变化。毛泽东根据国际格局的变化，明确提出了"两个中间地带"理论。他指出："中间地带有两部分：一部分是指亚洲、非洲和拉丁美洲的广大经济落后的国家，一部分是指以欧洲为代表的帝国主义国家。这两部分都反对美国的控制。在东欧各国则发生反对苏联控制的问题。"① 此后，他又多次在接见外宾时表达了对世界格局的理解。

1974 年 2 月 22 日，毛泽东在会见赞比亚总统卡翁达时首次提出了"三个世界划分"的思想。他说："我看美国、苏联是第一世界。中间派，日本、欧洲、澳大利亚、加拿大，是第二世界。咱们是第三世界。""美国、苏联原子弹多，也比较富。第二世界，欧洲、日本、澳大利亚、加拿大，原子弹没有那么多，也没有那么富，但是比第三世界要富。""亚洲除了日本，都是第三世界。整个

---

① 中华人民共和国外交部、中共中央文献研究室编：《毛泽东外交文选》，中央文献出版社、世界知识出版社 1994 年版，第 508 页。

非洲都是第三世界，拉丁美洲也是第三世界。"①25 日，他又对外宾补充了他的观点：中国属于第三世界。因为政治、经济各方面，中国不能跟富国、大国比，只能跟一些比较穷的国家在一起。同年 4 月，邓小平在联合国大会第六届特别会议上公开阐述了毛泽东"三个世界划分"的战略思想。"三个世界划分"理论回答了中国外交战略中的重要问题：谁是对世界和平的最大威胁，谁是维护世界和平的主要力量，谁是在维护世界和平的斗争中可以团结的力量。这一战略思想为主导 20 世纪 70 年代中国外交的"一条线"战略奠定了理论基础。

由于提出中国属于第三世界，不做超级大国，不称霸，把与第三世界国家的团结合作作为中国发展对外关系的基本立足点，中国与亚非拉国家的关系取得了重大进展。20 世纪 70 年代以来，中国与亚洲国家的关系进一步发展，同马来西亚、菲律宾、泰国、孟加拉国、土耳其、科威特、伊朗、黎巴嫩等国建交。中国与非洲国家的关系有了新的进展，新建交的国家有埃塞俄比亚、赤道几内亚、多哥等 22 个国家。此外，中国与非洲国家的经济技术合作关系也有很大发展，对非洲的经济援助大幅增长。中国与拉丁美洲国家的关系取得重要突破，从 1970 年与智利建交后，又先后与秘鲁、墨西哥、阿根廷等国建立了外交关系。

与此同时，中国逐步冲破西方国家的封锁。1964 年，中国与法国建立大使级外交关系，实现了中国同西方大国关系的突破。1972 年 2 月 21 日至 28 日，美国总统尼克松访华，中美两国发表《上海公报》，迈出了走向双边关系正常化的重要一步。1972 年 9

---

① 中华人民共和国外交部、中共中央文献研究室编：《毛泽东外交文选》，中央文献出版社、世界知识出版社 1994 年版，第 600—601 页。

月 25 日至 30 日，日本首相田中角荣访华，中日签署《中日联合声明》，两国实现邦交正常化。自 1970 年起，中国先后同意大利、奥地利、比利时、希腊、联邦德国、冰岛、卢森堡、西班牙、葡萄牙、爱尔兰等西欧国家建立了外交关系。中英、中荷关系升格为大使级外交关系。1975 年，中国还同欧共体建立了正式关系。同期，中国同加拿大、澳大利亚、新西兰等国的关系也实现了正常化。

1971 年 10 月，第 26 届联合国大会以压倒多数投票表决恢复了中华人民共和国在联合国的合法席位。由此，中国国际地位明显提高。中国作为维护世界和平、遏制霸权主义与强权政治的一支重要力量，在国际事务中发挥着越来越大的作用。

ⓘ ＿ 案 例 ＿

中国特色对外援助与坦赞铁路的建设

1963 年年底至 1964 年年初，周恩来总理在陈毅副总理陪同下，对埃及、阿尔及利亚、阿尔巴尼亚、缅甸等 14 个亚非欧国家进行了友好访问。出访期间，周恩来提出了著名的中国对外经济技术援助的八项原则。坦赞铁路的修建正是中国特色对外援助的一个最好体现。

该项目于 1968 年 4 月开始勘测设计，1970 年 10 月正式动工兴建，1976 年 7 月全部建成移交，工程用时 5 年零 8 个月。这条曾被西方舆论断言"不可能建成的铁路"比预期时间提前建成了。铁路全线建桥梁 320 座，总延长米 16520 米；涵洞 2231 座，总延长米 42975 米；隧道 22 座，总延长米 8898 米；兴建车站 93 个；建设房屋总面积 37.6 万平方米；通信电线路 1941.4 公里。为建设这条铁路，中国政府提供无息贷款 9.88 亿元人民币，共发运各种设备材料近 100 万吨，先后派出工程技术和管理人员 5.6 万人次，高峰时期在现场施工的中国员工队伍多达 1.6 万人，在工程修建及后来技术合作过程中，中方有 60 余人为之献出宝贵生命。铁路建成后，交由坦赞两国组成的铁路局共管。其后，为保障铁路的正常运营，中国继续提供无息贷款和技术合作援助，并派出专家和技术人员参与管理或提供咨询。这是迄今中国最大的援外成套项目之一。

▲ 坦赞铁路修建中，中、坦、赞三国工人一起劳动
（新华社发）

中国在坦赞铁路建设中的真诚无私援助备受坦赞两国政府和人民以及许多非洲国家和人民的信任和好评，密切了中国同坦赞两国的双边关系，促进了中非关系向前发展。中国修建坦赞铁路的方式，与西方长期对非洲的掠夺形成了鲜明对比，显示出中国对非洲的无私帮助，这对后来中非关系的长远发展乃至中国外交的总体发展都产生了积极的深远影响，留下了一笔宝贵的外交财富。

第二节　中国外交的全面展开

1978 年 12 月，党的十一届三中全会召开，开启了中国改革开放和经济建设新的伟大历史进程。以邓小平同志为核心的党的第二代中央领导集体顺应时代潮流，抓住历史机遇，对中国外交政策作出了重大战略性调整，中国外交进入了新的历史阶段。

◇　一、和平与发展主题的确立与外交政策大调整

党的十一届三中全会以来，以邓小平同志为核心的党的第二代中央领导集体根据国际国内形势变化，改变了此前对世界战争迫在眉睫的估计，指出世界大战可以避免。邓小平全面深入地分析了世界上的各种矛盾及其相互关系，鲜明地提出了和平与发展是当今世界两大问题的判断。1984 年 5 月 29 日，邓小平在会见巴西总统菲格雷多时指出："现在世界上问题很多，有两个比较突出。一是和平问题。现在有核武器，一旦发生战争，核武器就会给人类带来巨大的损失。要争取和平就必须反对霸权主义，反对强权政治。二是南北问题。这个问题在目前十分突出。发达国家越来越富，相对的是发展中国家越来越穷。南北问题不解决，就会对世界经济的发展带来障碍。"①1987 年 10 月，党的十三大报告把这个思想明确地概括为"和平与发展是当代世界的主题"，并据此调整了中国的外交战略。

----

① 《邓小平文选》第 3 卷，人民出版社 1993 年版，第 56 页。

首先，改变了我国 20 世纪 70 年代针对苏联霸权主义威胁而采取的"一条线"战略，坚决奉行独立自主的外交政策。对于一切国际事务和国际问题都从中国人民和世界人民的根本利益出发，根据事情本身的是非曲直，独立自主地决定自己的态度和政策。在国际事务中高举团结反霸的旗帜，坚决反对霸权主义和强权政治，坚决站在和平力量一边，争取有利的国际和平环境，推进人类进步事业。

其次，明确了外交工作的目标和任务。邓小平明确把争取一个较长时期的国际和平环境和良好的周边环境作为中国新时期外交工作的目标和任务。为争取一个有利于和平与发展的国际环境，我国主张超越社会制度和意识形态的差异，从国家战略利益出发处理国与国之间的关系，不计较历史的恩怨，不搞意识形态的争论，按照和平共处五项原则发展同所有国家的友好合作关系。

最后，坚持实行对外开放。邓小平指出：当今世界是一个开放的世界，无论哪一个国家都很难拥有发展本国经济所需要的全部科学技术和资源，也很难生产出自己所需要的一切产品。因此，要积极发展同世界各国平等互利的经济合作，充分利用国际、国内两种资源和两个市场，吸收和借鉴人类社会创造的一切文明成果，加速我国的现代化建设，促进各国共同发展。

◇ 二、对外关系新局面和"一国两制"的提出

随着 20 世纪 80 年代中国外交战略的调整，中国的对外关系得到全方位拓展，为改革开放和国内经济建设创造了良好的国际环境。"一国两制"构想的提出为港澳回归奠定了制度基础。

第一，全面发展对外关系。1979 年 1 月 1 日，中美两国正式

建立外交关系，并于当年 3 月 1 日起互派大使、建立大使馆，中国
与美国这个世界上最大的资本主义国家的关系进入新阶段。1978
年 10 月，中日缔结《和平友好条约》，加强了中日两国和两国人
民的友好合作。经过长达 7 年的磋商谈判，中苏于 1989 年实现了
两国关系正常化。中国与东欧国家的关系也逐步得到改善。中国与
绝大多数周边国家在边界、领土、华侨等方面的历史遗留问题得到
解决，同韩国、印度尼西亚等国启动了建立或恢复外交关系的谈判。

第二，推动建立更加公正合理的国际政治经济新秩序。1988
年 12 月，邓小平在会见来访外宾时提出：建立国际政治新秩序和
建立国际经济新秩序这两件事要同时做，"我们应当用和平共处五
项原则作为指导国际关系的准则。我们向国际社会推荐这些原则来
指导国际关系"①。中国坚持在和平共处五项原则的基础上处理国与
国之间的关系，推动建立更加公正合理的国际政治经济新秩序，在
扩大南北合作的同时，积极加强南南合作，努力提高发展中国家在
国际社会的地位和发言权。

第三，提出"一国两制"，实现港澳回归。进入新的历史时期
后，为解决台湾问题，邓小平根据国际国内形势的新发展，创造
性地提出了"一国两制"科学构想。1982 年 1 月，邓小平在会见
外宾时第一次提出"一国两制"构想，他指出："'一国两制'实际
上是'一个国家，两种制度'。两制是可以允许的，他们不要破坏
大陆的制度，我们也不要破坏他那个制度。"② 这一构想首先用于指
导实现香港、澳门的顺利回归。经过外交谈判，中英两国政府于

---

① 《邓小平文选》第 3 卷，人民出版社 1993 年版，第 283 页。
② 中共中央文献研究室编：《邓小平年谱（1975—1997）》下，中央文献出版社 2004
　年版，第 797 页。

1984 年 12 月 19 日签署了《中华人民共和国政府和大不列颠及北爱尔兰联合王国政府关于香港问题的联合声明》。1997 年 7 月 1 日零时，中国政府正式恢复对香港行使主权。1987 年 4 月 13 日，中葡两国政府签署了《中华人民共和国政府和葡萄牙共和国政府关于澳门问题的联合声明》。1999 年 12 月 20 日，澳门顺利回归祖国。香港、澳门的顺利回归和此后的发展充分证明了"一国两制"构想的现实可行性和正确性。

✧ 三、"韬光养晦，有所作为"的提出

20 世纪 80 年代末 90 年代初，东欧剧变，苏联解体，两极格局告终，国际上各种力量加速分化组合，世界格局进入新旧交替的历史变革时期。

1989 年中国发生政治风波之后，西方国家妄图通过制裁对中国"以压促变"，中国的社会主义制度、改革开放和现代化建设事业以及国家的主权和安全都面临前所未有的挑战。面对这种严峻局面，邓小平纵观全局，审时度势，对错综复杂的国际形势作出了精辟的分析和准确的判断，对中国外交何去何从提出了一系列高屋建瓴的指导性思想和方针策略。

1989 年 9 月 4 日，邓小平在与几位中央领导同志谈话时指出："对于国际形势，概括起来就是三句话：第一句话，冷静观察；第二句话，稳住阵脚；第三句话，沉着应付。不要急，也急不得。要冷静、冷静、再冷静，埋头实干，做好一件事，我们自己的事。"①

---

① 《邓小平文选》第 3 卷，人民出版社 1993 年版，第 321 页。

他要求全党在复杂多变的国际形势下，处变不惊，善谋对策，从容应对。

1995年，时任国务院副总理兼外交部部长的钱其琛在回顾这一段历史时，用高度凝练的20个字概括了邓小平在这一历史关头为国家制定的外交战略方针："冷静观察、沉着应付、稳住阵脚、韬光养晦、有所作为"。而这一系列外交战略方针的核心就是"韬光养晦、有所作为"。

"韬光养晦"就是从我国的基本国情和国际力量对比的现实出发，埋头苦干，集中精力把自己的事情办好，不卷入不必要的国际矛盾之中。邓小平指出，中国不去寻求取代苏联原来在世界共产主义运动中的中心地位，不去扛那杆大旗，不去当第三世界的头。"头头可不能当，头头一当就坏了。搞霸权主义的名誉很坏，当第三世界的头头名誉也不好。这不是客气话，而是一种真实的政治考虑。"①即使将来中国强大了，也永远不当头，不称霸，不谋求势力范围，不搞集团政治，不干涉别国内政。

"有所作为"，既不是无所作为，也不是无所不为，而是有所为、有所不为。邓小平指出："在国际问题上无所作为不可能，还是要有所作为。"②中国作为世界上最大的发展中社会主义国家，又是联合国常任理事国，在国际上具有广泛的影响和举足轻重的作用。我们要"积极推动建立国际政治经济新秩序"，坚持反对霸权主义和强权政治，坚持以和平共处五项原则作为建立国际政治经济新秩序的原则，为打破旧的国际经济秩序、推动南北问题的解决做出自己的努力，为世界和平与发展事业作出更大的贡献。

① 《邓小平文选》第2卷，人民出版社1994年版，第416页。
② 《邓小平文选》第3卷，人民出版社1993年版，第363页。

在 20 世纪 90 年代初，在"韬光养晦，有所作为"这一思想的指引下，中国经受住了东欧剧变和苏联解体的冲击，顶住了西方大国联合施加的制裁和压力，使我国所处的国际环境得以改善，国际地位得以提高，打开了中国外交的新局面。

ⓘ＿案 例＿

售台武器问题与中美"八一七公报"

1979 年中美建交之后，美国屡屡向台湾出售武器。中美两国在美国售台武器问题上经历了一场激烈的斗争。

1981 年上台的里根政府一方面强调美国将在遵守《中美建交公报》的基础上发展同中国的关系，另一方面又坚持全面执行《与台湾关系法》，不仅要继续售台武器，而且试图出售更先进的军机。

对此，中国政府表示坚决反对。1981 年 6 月 10 日，中国外交部发表声明指出，如果美国继续向台湾出售武器，中方势必作出强烈反应。9 月，中国政府宣布无限期推迟刘华清副总参谋长对美国的访问。中国政府甚至做好了中美关系降格的准备。

在中国的坚决斗争下，美国政府同意就此与中方进行谈判。双方经过艰苦谈判，终于在 1982 年 8 月 17 日就美国售台武器问题达成协议，发表了著名的"八一七公报"。在公报中，中国政府重申"台湾问题是中国的内政"。美国政府重申,"它无意侵犯中国的主权和领土完整,无意干涉中国的内政,也无意执行'两个中国'和'一中一台'的政策"。美国政府进一步声明,"它不寻求执行一项长期向台湾出售武器的政策。它向台湾出售的武器在性能与数量上将不超过中美建交后近几年供应的水平。它准备逐步减少对台湾的武器出售,并经过一段时间导致最后的解决。在作这样的声明时,美国承认中国关于彻底解决这一问题的一贯立场"。

中美"八一七公报"的发表,打破了两国在美国向台湾出售武器问题上的僵局,确立了中美关系上的又一项基本原则。这体现了20世纪80年代中国外交原则上的坚定性和策略上的灵活性。在之后的岁月里,美国并未认真履行这些承诺,中美两国围绕着售台武器进行了长期斗争。然而,"八一七公报"确定下来的基本原则将成为最终解决售台武器问题的根本出发点。

第三节　中国外交成功迈向新世纪

以江泽民同志为核心的党的第三代中央领导集体坚持独立自主的和平外交政策,与时俱进,开拓进取,为我国现代化建设创造了和平国际环境和良好周边环境,促进我国国际地位进一步提高,把中国外交成功推向新世纪。

✧ 一、作出重要战略机遇期的判断

冷战结束后，世界多极化和经济全球化趋势在曲折中发展，科技进步日新月异，综合国力竞争日趋激烈。与此同时，我国进入了加快推进社会主义现代化的新的发展阶段。以江泽民同志为核心的党的第三代中央领导集体结合国内国际形势的发展变化，对中国新世纪新阶段所处历史方位进行科学判断，提出21世纪头20年，对我国来说，是必须紧紧抓住并且可以大有作为的重要战略机遇期。这为我们确立改革发展的目标任务、方略步骤提供了重要依据。江泽民在党的十六大报告中还指出：在新的发展阶段，"我们党必须坚定地站在时代潮流的前头，团结和带领全国各族人民，实现推进现代化建设、完成祖国统一、维护世界和平与促进共同发展这三大历史任务"[①]。

重要战略机遇期是国际国内形势不断发展变化的结果，是关系我国前途命运的重大历史契机。在我国发展处于重要战略机遇期的判断下，中国外交工作的根本任务就是要创造和平、良好的外部环境，为国家抓住重要战略机遇期、推进改革开放和现代化建设服务，为祖国统一大业服务，为国家和人民的利益服务。

江泽民对于重要战略机遇期的论述为我国新时期外交工作指明了方向，要求外交工作面对日益复杂多变的国际形势，必须保持清醒头脑，把握中心任务，紧紧抓住重要战略机遇期，维护中国的核心利益，促进世界和平与共同发展。关于重要战略机遇期的论述为

①《江泽民文选》第3卷，人民出版社2006年版，第528页。

国内经济持续健康快速发展提供了有力的理论保障，也为世界的和平与发展作出了重大贡献。

✧ 二、提出一系列新的战略思想和理念

以江泽民同志为核心的党的第三代中央领导集体冷静观察国际形势的变化，与时俱进地提出了一系列新的战略思想和理念。

第一，提出新安全观。江泽民总结历史经验，提出要摒弃冷战思维，建立适应时代需要的新安全观。他说："各国在安全上的相互依存不断加深"，"只有加强国际合作，才能有效应对全球安全挑战，实现普遍和持久的安全"。① 新安全观的核心是互信、互利、平等、协作；和平共处五项原则以及其他公认的国际关系准则，是维护和平的政治基础；互利合作、共同繁荣，是维护和平的经济保障；建立在平等基础上的对话、协商和谈判，是解决争端、维护和平的正确途径。

第二，倡导国际关系民主化。中国主张在和平共处五项原则基础上，建立和平、稳定、公正、合理的国际新秩序。国际关系应该民主化，国家不分大小、强弱、贫富，都是国际社会的平等成员，都有权参与国际事务的讨论和解决，不能以大欺小，以强凌弱，以富压贫。国际关系民主化是建立国际政治经济新秩序的重要途径，对促进世界和平与发展有着重大的积极意义。

第三，阐明文明的多样性。江泽民1999年在访问沙特阿拉伯时的演讲中指出："不同文明应该在平等的基础上开展对话和交流，

---

① 《江泽民文选》第3卷，人民出版社2006年版，第475页。

彼此借鉴，取长补短，在发展和丰富自己的同时推动人类文明走向新的繁荣。"① 中国认为世界的多样性应予尊重，主张各国有权选择符合本国国情的发展道路。社会制度和价值观的差异不应成为发展国家关系的障碍。任何国家都不能搞霸权主义，不能恃强凌弱、干涉别国内政。

第四，阐述中国的人权观，推动国际人权事业的发展。冷战结束后，西方国家在人权问题上不断向中国发难。中国一方面坚决回击西方国家的攻击和污蔑，捍卫中国的国家利益和主权尊严；另一方面，积极阐述我国在人权问题上的相关主张。中国认为在承认世界多样性的前提下，反对以一种模式强求各国一致，这是促进人权普遍性的前提条件；人权观念应是完整的；在人权问题上需要遵循求同存异和开展对话、不搞对抗的原则；并特别强调发展权优先的原则，重申要恪守主权平等和互不干涉内政为核心的国际关系准则。

◇ 三、充实和完善全方位外交布局

第一，稳定大国关系框架。根据冷战结束后大国之间既竞争又合作的新特点，中国提出要努力发展大国间长期稳定的友好合作关系，扩大共同利益汇合点，妥善解决彼此分歧，坚持对话，不搞对抗。1996 年同俄罗斯建立了"战略协作伙伴关系"，1997 年同法国建立了"全面伙伴关系"，同美国建立"建设性战略伙伴关系"，1998 年与欧盟确立了"全面伙伴关系"的目标。此外，中国还与

---

① 江泽民：《对沙特社会各界知名人士的演讲》，《人民日报》1999 年 11 月 3 日。

日本建立了"致力于和平与发展的友好合作伙伴关系"。通过这一系列跨世纪伙伴关系，中国努力构筑友好合作、互利共赢的大国关系框架。

第二，巩固了周边战略依托。中国政府将巩固发展周边友好关系作为外交工作的首要任务，提出坚持与邻为善、以邻为伴，坚持政经结合，加强区域合作，坚持和平解决摩擦争端，妥善处理同周边一些国家间存在的历史遗留问题，保持和发展同周边国家的睦邻友好关系。中国与哈萨克斯坦、吉尔吉斯斯坦、塔吉克斯坦三国边界问题全部解决。中国与东盟国家之间的友好合作不断得到充实和发展，确立了面向新世纪的睦邻互信伙伴关系；同印度、巴基斯坦等南亚国家确立了面向 21 世纪的双边关系方向。与此同时，中国同朝鲜、韩国、越南、蒙古等国关系也取得了新的发展。

第三，与发展中国家合作取得新突破。加强同发展中国家的团结合作是中国外交政策的基础。江泽民强调："广大发展中国家在反对霸权主义和强权政治、维护国家独立和主权、维护和平和制止战争以及发展民族经济方面同我们有共同语言。""广大发展中国家是我们的同盟军。"[1] 我们必须以长远的战略眼光看待同广大发展中国家的关系。冷战后，中国本着"平等互利、讲求实效、形式多样、共同发展"的原则，积极支持并参与南南合作，与发展中国家的合作已成为中国全方位对外开放战略的一部分，合作内容不断丰富，规模迅速扩大，形成经济上合作共赢局面。

第四，积极参与多边外交活动。冷战结束后，中国更加全面地

---

① 《江泽民文选》第 1 卷，人民出版社 2006 年版，第 313 页。

融入国际社会，多边外交日益活跃。中国积极参加以联合国为中心的多边外交活动，高度重视联合国在国际事务中的作用，认真履行有关职责，为维护国际和平与安全发挥了重要作用。中国成功加入世贸组织，积极推动建立上海合作组织，签署加入《东南亚友好合作条约》，成立博鳌亚洲论坛，等等，多边外交日趋活跃。北京申奥、上海申博成功。促进多边合作已经成为中国维护世界和平、促进共同发展的重要舞台。

　　在世纪之交，在以江泽民同志为核心的党的第三代中央领导集体坚强有力的领导下，我国外交工作取得了令人瞩目的成就。我国与世界上所有大国都建立了不同形式的伙伴关系，各领域交流与合

▲ 加入世贸组织后中国国际贸易快速增长，图为上海洋山保税港区内的集装箱货柜

（新华社发）

作日益深化，有力地促进了冷战后我国与大国关系的稳定与发展。我国与周边一些国家实现关系正常化，与传统友好国家的友好关系更加巩固，大力推进区域合作，参与地区多边政治安全对话与合作，周边环境得到很大改善。我国同发展中国家的政治经济合作和传统友谊得到巩固和充实。我国积极参与国际事务，对维护国际和地区和平、稳定与发展作出积极贡献。中国外交成功跨入新世纪，外交工作呈现出全方位发展的局面。

ⓘ _案 例_

中俄战略协作伙伴关系的建立与发展

中俄互为最大的邻国，在 20 世纪 90 年代两国关系取得了长足的发展。1992 年 12 月，叶利钦作为俄罗斯总统首次访华，标志着两国关系实现了从中苏关系向中俄关系的顺利过渡。在叶利钦总统首次访华之后，中俄两国领导人又多次会晤，发表了一系列涉及双边关系的政治文件。

1994 年，中俄两国国家元首江泽民和叶利钦指定两国外交和军事专家就裁减边境军事力量和加强军事领域信任问题展开谈判；同时，双方表示了要在两国之间建立面向 21 世纪战略伙伴关系的意愿。1996 年 4 月，叶利钦总统对中国进行国事访问，同江泽民主席一起发表联合声明，宣布将双边关系从"建设性伙伴"上升到"平等信任、面向 21 世纪的战略协作伙伴关系"。在叶利钦总统此次访华期间，中国与俄罗斯、哈萨克斯坦、吉尔吉斯斯坦和塔吉克斯坦五国元首在上海签署了五国《关于在边境地区加强军事领域信任的协定》。1997年4月，江泽民主席访问俄罗斯期间，两国领导人又签署了《关于世界多极化和建立国际新秩序的联合声明》，阐述了两国对冷战后国际形势基本发展趋势的共同看法和对一系列重大国际问题的一致立场。2001年7月，中俄两国元首江泽民和普京签署并发表了《中华人民共和国和俄罗斯联邦睦邻友好合作条约》，两国关系进入了一个新的阶段。

中俄之间的"面向21世纪的战略协作伙伴关系"顺应时代潮流，建立在和平共处五项原则和公认的国际法准则基础之上，是一种不结盟、不对抗、不针对第三国的新型国家关系。这种关系既有明确的目标，又有具体而充实的内容，有利于世界的和平与稳定，也有利于国际格局的平衡发展。

在此基础之上，中俄两国建立了各层次的定期磋商机制，这增强了双方的理解和信任，为世纪之交的中俄关系友好发展奠定了良好的基础，也为两国关系长远发展提供了有力保障。

近年来，经过中俄两国的共同努力，中俄关系取得了长足发展，双方建立起平等信任、相互支持、共同繁荣、世代友好的全面战略协作伙伴关系，经贸、能源、军事、安全、地方、人文等领域合作进展顺利，在国际事务中保持密切配合。两国关系超越了双边范畴，不仅造福两国和两国人民，对世界和平与稳定也发挥着不可替代的重要作用。

第四节　新世纪新阶段中国外交取得新成就

以胡锦涛同志为总书记的党中央提出和平发展和构建和谐世界的重要战略思想，坚定维护国家利益，加强同世界各国交流合作，推动全球治理机制变革，积极促进世界和平与发展，为国内改革发展争取了有利的国际环境，使中国在国际事务中的代表性和话语权进一步增强，显著提升了中国国际地位和影响力。

◇　一、提出和平发展的战略思想

进入 21 世纪，国际形势继续发生深刻变化，国内改革发展也进入了关键时期。以胡锦涛同志为总书记的党中央高瞻远瞩，进一步丰富完善了中国坚持走和平发展道路的战略思想。

在 2004 年博鳌亚洲论坛上，胡锦涛明确指出："中国将坚持和平发展的道路，高举和平、发展、合作的旗帜"。[①]2007 年，党的十七大报告又郑重提出，中国将始终不渝走和平发展道路，始终不

————————

① 胡锦涛：《中国的发展　亚洲的机遇——在博鳌亚洲论坛 2004 年年会开幕式上的演讲》，《人民日报》2004 年 4 月 25 日。

渝奉行互利共赢的开放战略，坚持在和平共处五项原则的基础上同所有国家发展友好合作。2005年12月，国务院新闻办公室发布《中国的和平发展道路》白皮书，指出实现和平发展是中国人民的真诚愿望和不懈追求，和平发展是中国现代化建设的必由之路。2011年9月，国务院新闻办公室发布《中国的和平发展》白皮书，再次阐明了中国和平发展的总体目标和中国和平发展的对外方针政策等重要内容。

中国将始终不渝走和平发展道路。这是中国政府和人民根据时代发展潮流和自身根本利益作出的战略抉择。其主要内涵是：既通过维护世界和平发展自己，又通过自身发展维护世界和平与发展；在强调依靠自身力量和改革创新实现发展的同时，坚持对外开放，学习借鉴别国长处；坚持把中国人民的利益同世界人民的共同利益结合起来，永远不争霸、不称霸，始终做维护世界和地区和平稳定的坚定力量。这条道路最鲜明的特征是和平发展、合作发展、共同发展。同时，中国将坚持奉行防御性的国防政策，坚定捍卫国家利益。只有中国的主权、安全、发展利益得到有效维护和保障，和平发展道路才能越走越宽广。走和平发展道路这一命题的提出，实现了新形势下我国对内政策与对外政策的高度统一。

中国奉行互利共赢的开放战略，具体内容包括：第一，以自己的发展促进地区和世界共同发展，扩大同各方利益的汇合点，在实现本国发展的同时兼顾对方特别是发展中国家的正当关切；第二，按照通行的国际经贸规则，扩大市场准入，依法保护合作者权益；第三，支持国际社会帮助发展中国家增强自主发展能力、改善民生，缩小南北差距；第四，支持完善国际贸易和金融体制，推进贸易和投资自由化便利化，通过磋商协作妥善处理经贸摩擦。互利共

赢的开放战略为促进中国与世界各国的互利合作、共同发展指明了
方向，发挥了重要作用。

◇　二、提出建设和谐世界的外交理念

2005 年 9 月，胡锦涛在联合国成立 60 周年首脑会议上发表题
为《努力建设持久和平、共同繁荣的和谐世界》的重要讲话，全面
介绍并深刻阐述了和谐世界的战略思想和外交理念。2007 年 10 月，
胡锦涛在党的十七大报告中提出，中国主张"各国人民携手努力，
推动建设持久和平、共同繁荣的和谐世界"。[①]

和谐世界外交理念是对新中国成立以来外交政策的继承和发
展，是中国内政在外交上的延伸，也是中国外交理念与传统文化的
结合。

和谐世界外交理念与和平共处五项原则有高度的内在一致性。
从 1954 年开始，和平共处五项原则就是中国处理同一切国家关系
的基本准则和独立自主的和平外交政策的基础。和谐世界外交理念
注重国家间的对话、协调与合作，强调国家间的平等、相互依存和
遵守国际规则的重要性，体现了和平共处的意愿，是对和平共处五
项原则的创造性运用和发展。

和谐世界外交理念与我国独立自主的和平外交政策一脉相承。
独立自主的和平外交政策，宗旨是维护世界和平、促进共同发展。
在和谐世界中，各国内部的事情由各国人民自己决定，世界上的事
情由各国平等协商解决，发展中国家在国际事务中享有平等参与权

---

① 中共中央文献研究室编：《十七大以来重要文献选编》上，中央文献出版社 2009
年版，第 36 页。

与决策权。和谐世界外交理念的目标是对我国外交政策宗旨的继承和升华。

和谐世界外交理念体现了内政与外交的统一、外交理念与传统文化的结合。在科学发展观的指引下，党的十六届四中全会提出了构建社会主义和谐社会的重大战略思想。和谐世界外交理念与构建社会主义和谐社会重大战略思想一脉相承，都有鲜明的中国传统文化烙印，都反映了中国传统思想对"和"的高度认可和不懈追求。

为了建设持久和平、共同繁荣的和谐世界，中国倡导世界各国在政治上相互尊重、平等协商，共同推进国际关系民主化；经济上相互合作、优势互补，共同推动经济全球化朝着均衡、普惠、共赢方向发展；文化上相互借鉴、求同存异，尊重世界多样性，共同促进人类文明繁荣进步；安全上相互信任、加强合作，坚持用和平方式而不是战争手段解决国际争端，共同维护世界和平稳定；环保上相互帮助、协力推进，共同呵护人类赖以生存的地球家园。

✧ 三、和平发展战略思想的外交实践

在和平发展、互利共赢、和谐世界等重要外交思想和理论的指导下，中国成功开展了一系列外交实践，国际影响力和国际地位得到了进一步提升。

推动与大国关系稳步发展。中国与俄罗斯的战略协作伙伴关系不断深化，2011年6月，胡锦涛主席访问俄罗斯期间，与俄罗斯总统梅德韦杰夫签署并发表《关于〈中俄睦邻友好合作条约〉签署10周年的联合声明》，宣布致力于发展平等信任、相互支持、共同繁荣、世代友好的全面战略协作伙伴关系。中国与美国加强高层往

来和战略对话，推进经贸互利合作，扩大在重大国际和地区问题方面的交流沟通，拓展人文交流和民间交流，使两国关系实现稳步向前发展。中国与欧盟建立全面战略伙伴关系，致力于推进世界多极化和文明多样性。在加强相互理解、信任和支持的基础上，中欧领导人实现密集互访，双方部长级会议、各领域对话等实现机制化，务实合作不断扩大。

推动建设和谐亚洲。中国与东盟关系进入了黄金发展阶段。2003 年，中国加入《东南亚友好合作条约》，与东盟建立面向和平与繁荣的战略伙伴关系。在此基础上，中国与东盟政治互信不断增强，双边贸易额大幅提高，双边投资快速增长，人文交流空前密切。2010 年 1 月，中国—东盟自由贸易区全面建成，是世界上最大的发展中国家自贸区。中国与周边国家安全合作取得新进展。中国积极与周边国家共同开展反恐、打击跨国犯罪、防治禽流感传播等非传统安全领域合作。中国利用加强边境地区信任和裁军谈判进程"上海五国"机制，与俄罗斯、哈萨克斯坦、吉尔吉斯斯坦、塔吉克斯坦，以及后来加入的乌兹别克斯坦共同推动建立上海合作组织。中国积极倡导并推进朝鲜半岛核问题六方会谈，为推动地区热点问题的妥善解决，维护亚洲和平与稳定作出了重要贡献。

巩固并发展了与发展中国家的传统友谊。中国与发展中国家的合作机制化建设取得新突破。2000 年，中非合作论坛正式成立，全方位、实质性推进了中非关系发展。中国与阿拉伯国家、太平洋岛国也建立了合作论坛。中国积极加强与发展中国家经贸关系，为南南合作与世界经济的平衡发展作出了积极贡献，通过增加援助、减免发展中国家债务等方式，积极支持其他发展中国家加快发展步伐。

以多边外交为舞台，中国继续坚定不移地支持联合国在国际事务中发挥主导作用。中国积极参与应对国际金融危机合作，推动二十国集团成为国际经济治理的主要平台，推动国际经济体系变革朝着均衡、普惠的方向发展。积极参与区域、次区域合作，推动亚太经合组织、东盟地区论坛、"10+1"和"10+3"合作等多边合作取得积极进展。中国还与俄罗斯、印度、巴西一起创立了金砖国家机制，成为新兴市场国家对话与合作的重要平台和南南合作的典范。

以举办北京奥运会、新中国成立60周年庆祝活动、上海世博会等重大活动为契机，中国加强公共外交和人文交流，积极引导国际舆论，进一步树立了我国文明、民主、开放、进步、负责任的大国形象，大大增强了国家软实力。我国的国际地位和影响力得到显著提升。

▲ 2008年8月8日，北京奥运会主火炬塔点燃后，焰火在国家体育场上空形成五环图案
（新华社发）

ⓘ _ 案 例 _

中国与二十国集团

二十国集团由七国集团财长会议于 1999 年倡议成立，最初为财长和央行行长会议机制，2008 年国际金融危机后，升格为领导人峰会。2009 年 9 月举行的匹兹堡峰会将二十国集团确定为国际经济合作主要论坛，由中国、阿根廷、澳大利亚、巴西、加拿大、法国、德国、印度、印度尼西亚、意大利、日本、韩国、墨西哥、俄罗斯、沙特阿拉伯、南非、土耳其、英国、美国等十九个国家及一个区域联盟（欧盟）组成。二十国集团成员涵盖面广，代表性强，兼顾了发达国家和发展中国家以及不同地域，人口占全球的 2/3，国土面积占全球的 60%，GDP 占全球的 90%，贸易额占全球的 80%。截至 2014 年，二十国集团已举行过 9 次峰会，主要讨论全球重大经济金融热点问题，为推动世界经济复苏及国际金融体系改革作出了重要贡献。除峰会外，二十国集团还不定期举行财长和央行行长会议及协调人会议。各方通过二十国集团这个平台，在加强宏观经济政策协调、应对国际金融危机冲击、反对贸易保护主义、推动全球经济治理改革等方面，取得了一定成效。中国领导人参加了历次二十国集团峰会，在推动全球经济治理体系改革、推动世界经济复苏方面发挥了重要建设性作用。中国将主办 2016 年二十国集团领导人峰会。

第五节　党的十八大以来的外交理论创新

以习近平同志为总书记的党中央发扬我们党理论联系实际的优良作风，在保持外交政策连续性和稳定性的同时，勇于探索，开拓创新，坚持内政和外交有机统一、中国特色与时代特征融为一体，在外交理论创新方面取得重要阶段性成果，开创了中国外交的崭新局面。

◇ 一、提出中国梦重要思想并赋予其深刻的世界意义

2012 年 11 月，习近平在国家博物馆参观《复兴之路》展览时发表讲话，首次提出实现中华民族伟大复兴就是近代以来最伟大的中国梦，并在随后不断充实完善中国梦的思想内涵。

习近平提出实现中华民族伟大复兴的中国梦的奋斗目标，极大激励了中国人民实现中华民族伟大复兴的决心和信心，成为凝聚 13 亿中国人民团结奋进的强大精神动力，也为新时期中国外交指明了方向。

习近平利用出访和接待外宾等机会深入阐述中国梦的丰富内涵和国际意义。他强调，中国梦是中国各族人民的梦，也是每个中国百姓的梦；中国梦的实现需要和平稳定的国际和周边环境，中国将坚持通过和平发展方式实现中国梦；中国梦和世界各国人民的梦想息息相通，中国将与各国更多分享发展机遇，同各国人民携手共圆世界梦。

中国梦重要思想进一步增进了国际社会对中国和平发展战略的

理解和认同，显著提升了中国的国际影响力、道义感召力和文化亲和力。很多国家领导人主动表示，中国梦与他们国家和人民的美好愿景是相通的，中国梦的实现必将造福亚太乃至整个世界。

◇ 二、丰富和平发展的重要思想

和平发展是中央一贯坚持的基本发展道路和发展战略。以习近平同志为总书记的党中央进一步丰富了和平发展道路的内涵。

第一，指出新形势下中国走好和平发展道路的关键，在于实现与世界的良性互动和互利共赢。习近平指出，和平发展道路能不能走得通，很大程度上要看我们能不能把世界的机遇转变为中国的机遇，把中国的机遇转变为世界的机遇，在中国与世界各国良性互动、互利共赢中开拓前进。我们要坚持从我国实际出发，坚定不移走自己的路，同时我们要树立世界眼光，更好把国内发展与对外开放统一起来，把中国发展与世界发展联系起来，把中国人民利益同各国人民共同利益结合起来，不断扩大同各国的互利合作，以更加积极的姿态参与国际事务，共同应对全球性挑战，努力为全球发展作出贡献。

第二，提出中国坚持走和平发展道路，但决不能放弃正当权益，决不能牺牲国家核心利益。中国决不会屈服于任何外来压力，任何外国不要指望我们会拿自己的核心利益做交易，不要指望我们会吞下损害我国主权、安全、发展利益的苦果。

第三，明确提出中国坚持走和平发展道路，其他国家也都要走和平发展道路，只有各国都走和平发展道路，各国才能和平相处、共同发展。

上述论述进一步阐明了中国政府走和平发展道路的决心、所遵循的路径、所坚持的原则，进一步发展和完善了和平发展思想理论体系。

◇ 三、倡导中美构建新型大国关系

国际形势的发展很大程度取决于大国互动。中国作为新兴大国如何处理与传统大国之间的关系，是中国走通走稳和平发展道路必须要解决的课题。据统计，历史上 15 次大国兴衰交替过程中，有 11 次爆发了战争。中国拒绝"国强必霸"的逻辑，致力于构建新型大国关系。

2013 年 6 月，习近平主席应邀赴美国加利福尼亚州安纳伯格庄园，与美国总统奥巴马举行会晤。双方就构建中美新型大国关系达成重要共识，为两国关系发展指明了方向。习近平将中美新型大国关系内涵精辟概括为不冲突不对抗、相互尊重、合作共赢。不冲突不对抗，就是要客观理性看待彼此战略意图，坚持做伙伴，不做对手，通过对话合作而非对抗冲突的方式妥善处理矛盾和分歧。相互尊重，就是要尊重各自选择的社会制度和发展道路，尊重彼此核心利益和重大关切。合作共赢，就是要摒弃"零和思维"，在追求自身利益时兼顾对方利益，在寻求自身发展时促进共同发展。中美两国元首还在二十国集团圣彼得堡峰会和荷兰海牙核安全峰会期间成功会晤，再次确认共同构建中美新型大国关系。

中美构建新型大国关系，是双方基于自身根本利益和时代发展潮流作出的战略选择，对于推动中美关系沿着健康轨道向前发展以及维护整个世界的和平稳定具有重大而深远的意义。

✧ 四、明确新形势下周边外交政策

周边不仅关系到我国的外交全局，而且关系到我国国内改革、发展、稳定大局。维护一个稳定友善的周边环境，使周边成为我国的战略依托，对我国的发展和稳定至关重要。

2013 年 10 月，中央召开新中国历史上首次周边外交工作座谈会。习近平在会上发表了重要讲话，强调周边对我国具有极为重要战略意义，辩证分析周边环境的变化，系统阐述新形势下周边外交的战略目标，指出我国周边外交的基本方针，就是坚持与邻为善、以邻为伴，坚持睦邻、安邻、富邻，突出体现亲、诚、惠、容的理念。亲，是指巩固与周边国家地缘相近、人缘相亲的友好情谊。诚，是指坚持以诚待人、以信取人的相处之道。惠，是指履行惠及周边、互利共赢的合作理念。容，是指展示开放包容、求同存异的大国胸怀。

亲、诚、惠、容理念的提出，进一步丰富和发展了我国周边外交政策，表明了我国真心实意做周边国家好邻居、好朋友、好伙伴的决心，受到了周边国家的欢迎。

✧ 五、提出坚持正确义利观

发展中国家是中国外交的基石，始终是中国在国际政治舞台上可以依靠的重要力量。习近平针对我国与发展中国家和周边国家关系面临的新形势新任务，强调在同这些国家发展关系时要树立正确义利观，政治上要坚持正义、秉持公道、道义为先，经济上要坚持互利共赢、共同发展。对那些对我国长期友好而自身发展任务艰巨的周边和发展中国家，要更多地考虑到对方利益，开展合作时要注意多予少取，早予晚取，绝不搞损人利己，以邻为壑。

正确义利观的提出进一步丰富了我国的外交理念，使我国占据了国际道义制高点，有利于增加我国同发展中国家的理解和信任。正确义利观已成为新形势下我国对外工作的一面旗帜。

✧ 六、加强外交工作的顶层设计、策略运筹和底线思维

习近平指出，外交外事工作要加强立体思维，立体操作，加强顶层设计，做好策略运筹，落实底线思维。要站在战略高度和全局角度分析和处理问题，观大势、谋大事，从顶层设计角度加强对外工作的战略谋划。要重视策略运筹，讲求方法，因时而变，顺势而为，趁势而上，将中央战略意图和大政方针落到实处。要树立底线思维，不回避矛盾和问题，妥善处理同有关国家的分歧和摩擦，既要朝好的方向努力，也要做最坏打算，做到未雨绸缪、有备无患。政策和策略是党的生命，也是外交工作的生命，要加强外交战略策略运用，最大限度发挥外交资源效用。

✧ 七、强调加强外交外事工作的统筹协调

党中央从统筹国内国际两个大局出发，高度重视加强对外交外事工作的统筹协调，强调必须做到内外兼顾、通盘筹划、统一指挥、统筹实施，要求中央和地方、政府和民间、涉外各部门牢固树立外交一盘棋意识，既发挥各方面的积极性和创造力，又从国家利益的高度做好集中调度，保障中央对对外工作的领导、决策、管

理、处理突发事件等各项功能顺利实施。中央召开周边外交工作座谈会等一系列重要外事会议，出台一系列外事管理重要文件，进一步理顺体制机制，加强与规范外事和外事管理工作，取得良好效果。

党的十八大以来，以习近平同志为总书记的党中央在准确把握世界格局变化和中国发展大势的基础上，审时度势，开拓进取，外交开局气势恢宏，亮点纷呈，不仅为今后5年到10年的外交工作奠定了坚实的基础，也极大振奋了党心、军心、民心，激发了全国各族人民为实现"两个一百年"奋斗目标和中华民族伟大复兴的中国梦而努力拼搏的热情。

▋ 本章小结 ▋ ················

以毛泽东同志为核心的党的第一代中央领导集体确立我国外交政策的基本原则，奠定了新中国外交的基石。以邓小平同志为核心的党的第二代中央领导集体对我国对外政策作出战略调整，掀开了中国外交的新篇章。以江泽民同志为核心的党的第三代中央领导集体确立面向新世纪的全方位外交布局，带领中国外交成功跨入21世纪。进入新世纪新阶段，以胡锦涛同志为总书记的党中央提出和平发展的战略思想，推动中国的国际地位和影响显著提升。

党的十八大以来，以习近平同志为总书记的党中央顺应国内改革发展新要求和国际形势新变化，在保持外交大政方针稳定性和连续性的基础上，勇于探索，开拓创新，坚持内政和外交有机统一、中国特色与时代特征融为一体，提出中国梦的奋斗目标并赋予其深刻的世界意义，进一步丰富了和平发展战略思想，提出一系列重大外交理念、方针、政策，成功开展一系列外交行动，在外交理论与实践创新方面取得重要阶段性成果，开创了中国外交的崭新局面。

重要术语解释

"万隆精神"：1955 年 4 月 18—24 日，在缅甸、锡兰、印度、印度尼西亚和巴基斯坦五国总理的共同倡议下，第一次亚非会议在印尼的万隆召开，史称万隆会议。会议于 4 月 24 日通过了《亚非会议最后公报》，提出了各国和平相处和友好合作的十项原则。万隆会议终于克服重重障碍获得了成功。在万隆会议上和最后公报中所体现的亚非各国人民为维护民族独立、保卫世界和平和促进友好合作而共同斗争的精神，被称为"万隆精神"。

国际政治经济新秩序：邓小平提出要推动建立和平稳定、公正合理的国际政治经济新秩序。他指出建立在殖民主义、帝国主义、霸权主义基础上的旧秩序，使贫国愈贫、富国愈富，贫国和富国的差距越来越大，是发展中国家解放和进步的最大障碍。应该建立国际经济新秩序，解决南北问题，还应建立国际政治新秩序，使它同国际经济新秩序相适应。和平共处五项原则应该作为今后国际政治新秩序的准则。

思考题

1. 在新形势下，如何以与时俱进的精神继承和发扬和平共处五项原则？
2. "韬光养晦，有所作为"外交战略方针的现实意义是什么？
3. 如何理解党的十八大提出的"我们要准确判断重要战略机遇期内涵和条件的变化"？
4. 为什么说中国的和平发展是历史的必然选择？
5. 和平发展与坚定维护国家利益之间具有怎样的联系？

第 四 章

全方位推进对外关系发展

第一节　推动大国关系长期稳定健康发展

保持与大国关系的总体稳定，对于我国深化全方位对外合作、维护良好外部环境至关重要。中国积极发展与各大国的良好关系，不断开创大国关系发展新局面。

✧ 一、推动构建中美新型大国关系

2013 年 6 月，习近平主席在美国加利福尼亚州安纳伯格庄园与美国总统奥巴马举行历史性会晤。双方就构建中美新型大国关系达成重要共识，为两国关系发展指明了方向。

目前中美政府间各领域、各层级对话机制有 90 多个，中美战略与经济对话等对于促进双方政治互信和各领域合作发挥了重要作用。中美各领域交流合作不断深入。经济上，2013 年中美贸易额达到5210 亿美元，双向投资累计超过 1000 亿美元，两国互为第二大贸易伙伴。双方还承诺强化在经济政策、促进开放的贸易和投资、国际

地区问题上的对话与合作。安全上，两国有关部门举行了多次中美战略安全对话，两军高层交往增多，推动了两国军事互信提升。人文交流方面，中美人文交流已形成宽领域、多层次、高水平的格局，与政治互信、经贸合作一同成为中美新型大国关系的三大支柱。

　　中美新型大国关系的构建是一个长期的过程，不可能一蹴而就，也难免曲折反复。中美两国，一个是最大的发达国家，一个是最大的发展中国家，要想把新型大国关系构建好、落实好，避免落入"修昔底德陷阱"，面临许多复杂因素。双方在一些问题上存在矛盾和分歧，合作与斗争两个方面都会长期存在。这是一个需要中美双方保持政治定力，持之以恒、不懈推进的长期事业。推进新型大国关系建设需要在战略互信、务实合作、战略协调等多领域加强合作，共同推进。

▲ 2014 年 7 月 10 日，第六轮中美战略与经济对话框架下战略对话在北京举行

（新华社记者　庞兴雷／摄）

总之，构建中美新型大国关系任重道远。习近平指出，中美构建新型大国关系，既要有"不到长城非好汉"的决心和信心，又要有"摸着石头过河"的耐心和智慧。这生动形象地阐明了中国对构建中美新型大国关系的坚定意愿，也揭示了构建中美新型大国关系的复杂性和艰巨性。

✧ 二、保持中俄关系高水平运行

俄罗斯是我国周边最大邻国，也是世界大国，中俄两国都处在民族复兴的关键阶段，拥有广泛共同利益。近年来，中俄关系不断发展，双方建立了全面战略协作伙伴关系，两国高层交往密切，双边关系在政治、经济、人文等领域都显著提升。

政治上，两国元首建立了良好的工作关系和个人友谊，高层往来频繁，就双边关系和重大国际问题保持密切沟通协调。2013年3月，习近平主席上任后出访首站选择访问俄罗斯，充分体现了中俄关系的高水平和特殊性。两国元首共同确定了发展两国关系的中心任务：加大相互政治支持，全面扩大务实合作，深化战略性大项目合作，加强在国际和地区事务中的协调配合。双方签署《中俄关于合作共赢、深化全面战略协作伙伴关系的联合声明》。2014年5月，两国元首在上海亚信峰会期间会晤时，签署了《中俄关于全面战略协作伙伴关系新阶段的联合声明》，引领中俄全面战略协作伙伴关系迈上新台阶，进入新阶段。

经济上，两国务实合作全面推进，在经贸、能源、投资、地方、人文、环保等领域合作积极发展，战略性大项目合作成果丰硕。2013年，中俄经贸关系继续稳步增长，中俄双边贸易额达到

▲ **2013 年 1 月 19 日，莫斯科巴拉克列夫儿童艺术学校学生在中俄青少年文化交流展演活动上表演民族舞蹈** （新华社记者 姜克红／摄）

892.1 亿美元。2014 年 5 月，中俄两国能源合作取得重大突破，双方签署了合约期 30 年、合同总金额约 4000 亿美元的天然气供应合同，这是迄今中俄能源合作的最大手笔。

人文交流取得长足发展。中俄是山水相连的友好邻邦，两国人民友好交往历史悠久，情谊深厚。2012 年和 2013 年，中俄互办旅游年，两国元首共同出席俄罗斯"中国旅游年"开幕式并致辞。2014 年和 2015 年两国将举办中俄青年友好交流年活动。

◇ 三、推动中欧关系不断发展

欧洲是世界上一支重要力量，同我国经济互补性很强。充分挖掘中欧合作潜力，有利于中国和平发展和世界繁荣稳定。中国与欧盟及其许多成员国建立了全面战略伙伴关系，各领域合作不断发展。

中欧高层交往不断，机制性对话卓有成效。2014 年 3 月，习近平主席出席第三届核安全峰会，并访问荷兰、法国、德国、比利时、联合国教科文组织及欧盟总部。中欧双方一致同意打造和平、增长、改革、文明四大伙伴关系，提升中欧全面战略伙伴关系的全球影响力。2014 年 4 月，中国政府发表了《深化互利共赢的中欧全面战略伙伴关系——中国对欧盟政策文件》。这是中国政府制定的第二份对欧盟政策文件，目的是在总结过去 10 年中欧关系发展成就的基础上，规划今后五到十年合作蓝图，推动中欧关系实现更大发展。在重大国际和地区热点问题上，中欧在叙利亚问题、伊朗核问题上积极沟通，密切协商，为促进国际和平与稳定共同努力。

中欧经贸合作继续发展，利益交融不断加深。2013 年 11 月，中欧共同发表《中欧合作 2020 战略规划》，涵盖近百个合作领域。中国—冰岛、中国—瑞士签订了自贸协定。欧盟是中国第一大贸易伙伴。2013 年中欧双边贸易额 5591 亿美元，同比增长 2.1%；欧

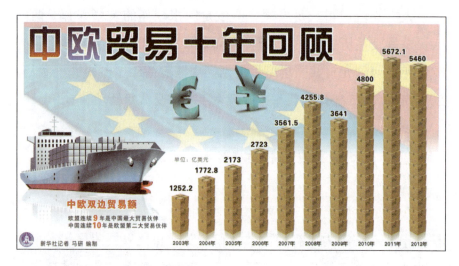

▲ 2003—2012 年中欧贸易额回顾

（新华社记者 马研/编制）

盟在华直接投资 65.2 亿美元，同比增长 21.9%。双向贸易和投资为促进中欧各自经济发展发挥了重要作用。

中欧人员交流不断扩大。中国在欧盟国家的留学人员总数超过 24 万人。欧盟来华留学人员规模不断扩大，2013 年在华留学生超过 3.5 万人。根据《中欧合作 2020 战略规划》，双方将鼓励互设文化中心，截至 2013 年年底，中国已在 25 个欧盟成员国建立 113 所孔子学院和 140 所孔子课堂。人文合作成为中欧合作的重要支柱。

ⓘ — 案 例 —

中美战略与经济对话

中美战略与经济对话是中美双方就事关两国关系发展的战略性、长期性、全局性问题而进行的机制性对话。自 2009 年 7 月首轮中美战略与经济对话在美国华盛顿举行以来，中美先后举行了六轮战略与经济对话，成为中美关系中的重要机制，为促进双边关系发展发挥了重要作用。

中美战略与经济对话的议题几乎涵盖了两国关系各个领域及双方共同关心的重要问题，并在战略与经济对话框架下建立了诸如战略安全对话等子对话机制。

中美战略与经济对话机制启动五年多来，两国在政治、经济等领域达成了数百项成果。以 2014 年举行的第六轮中美战略与经济对话为例，双方围绕构建中美新型大国关系这一主题，深入讨论了共同关心的广泛议题。其中，战略对话达成 116 项具体成果，经济对话达成了

87 项成果。这些成果的达成有利于巩固中美关系的战略框架，促进双边经贸等领域务实合作，有利于两国乃至世界经济的发展，有利于国际和平与稳定，有力推动了中美新型大国关系构建。

第二节　开创周边外交新局面

周边是中国安身立命之所、发展繁荣之基。中国一直把发展与周边国家关系放在对外关系的首要位置，积极营造更加和平稳定、发展繁荣的周边环境。

✧ 一、中国的周边环境

亚洲是世界上经济增长最快的地区，也是最有发展活力的地区。亚洲地区长期保持和平稳定，为各国发展提供了良好的环境。亚洲国家经济合作和利益纽带日益紧密，地区合作机制不断发展，为和平发展打下了良好基础。中国作为亚洲大家庭的一员，得益于亚洲的和平发展环境，也以自己的发展促进了亚洲的和平与繁荣。但同时，中国的周边环境也较为复杂。中国是世界上邻国最多的国家，同 14 个陆地邻国接壤，与 8 个国家海上相邻或相向。中国周边国家的差异性和多样性较为突出，一些国家经济发展水平不平衡，历史文化、民族和宗教信仰各异，存在历史遗留问题。周边的一些地区热点问题长期存在。

　　分析和看待中国的周边环境，要用全面、立体、多元、发展的视角。当前和今后相当长一个时期，亚洲将会继续保持和平稳定和繁荣发展势头，睦邻友好、互利合作是周边国家对华关系的主流。

◇　二、新时期周边外交工作方针

　　党中央高度重视周边外交工作。2013 年 10 月，中央专门召开了新中国成立以来首次周边外交工作座谈会，确立了我国周边外交的战略目标，就是服从和服务于实现"两个一百年"奋斗目标、实现中华民族伟大复兴，全面发展同周边国家的关系，巩固睦邻友好，深化互利合作，维护和用好我国发展的重要战略机遇期，维护国家主权、安全、发展利益，努力使周边国家同我国政治关系更加友好、经济纽带更加牢固、安全合作更加深化、人文联系更加紧密。同时，也明确了我国周边外交的基本方针，就是坚持与邻为善、以邻为伴，坚持睦邻、安邻、富邻，突出体现亲、诚、惠、容的理念。

　　亲、诚、惠、容的周边外交新理念，是新形势下中国坚持走和平发展道路的一份生动宣言，是对多年来中国周边外交实践的一个精辟概括，也反映了中国新一届领导人外交理念的创新发展。

　　亲是指要巩固地缘相近、人缘相亲的友好情谊。在数千年漫长的岁月中，中华民族与周边各民族人民在人文交流方面形成了千丝万缕的联系和天然的亲近感。多年来，中国与周边国家一直保持着密切交往，像"走亲戚"一样常来常往。通过常见面、多走动，讲平等、重感情，多做得人心、暖人心的事，中国进一步拉近了与周边各国人民的感情。

　　诚是指坚持以诚待人、以信取人的相处之道。中国与周边国家关系中的许多感人事迹和动人佳话是用真诚换来的。中国诚心诚意对待周边国家，争取更多朋友和伙伴。同样在与周边国家存在的一些争端中，中国也是本着诚心诚意的态度与有关国家平等协商，争取妥善处理。

惠是指履行惠及周边、互利共赢的合作理念。中国本着互惠互利的原则，同周边国家开展各领域合作，编织起更加紧密的共同利益网络，把双方利益融合提升到更高水平。

容是指展示开放包容、求同存异的大国胸怀。中国倡导包容的思想，强调亚太之大容得下大家共同发展，主张以更加开放的胸襟和更加积极的态度促进地区合作。中国一向支持东盟在地区合作中发挥主导作用，欢迎域外国家参与到东亚地区的合作机制中来并发挥建设性作用，推动中国与东盟"10+1"、中日韩与东盟"10+3"、东亚峰会等各机制相互补充和促进，推进地区防务安全领域的交

▲ **2013 年 9 月 6 日，中国—东盟博览会迎来公众开放日**（新华社记者　刘广铭／摄）

流，谋求与周边国家的共同安全与合作安全，充分体现了容人之气度、存异之雅量。

中国以亲、诚、惠、容理念，坚持发展同周边国家的睦邻友好、守望相助，增强了亲和力、感召力、影响力。

◇ 三、以实际行动开创周边外交新局面

以习近平同志为总书记的党中央坚持与邻为善、以邻为伴和睦邻、安邻、富邻的周边外交方针和政策，积极践行亲、诚、惠、容理念，以实际行动开创周边外交新局面。

全面促进友好关系，增加战略互信。中国大力倡导开放包容、求同存异，坚持平等互信、以诚相待的相处之道，积极深化睦邻友好，通过坦诚深入的对话沟通，增加政治互信，减少相互猜疑。从2013 年 3 月新一届政府成立后的一年多时间里，习近平主席和李克强总理先后访问了俄罗斯和土库曼斯坦、哈萨克斯坦、乌兹别克斯坦和吉尔吉斯斯坦等中亚邻国，印度尼西亚、马来西亚、泰国、越南和文莱 5 个东盟国家，以及印度、巴基斯坦等南亚邻国，接待了数十位来自周边国家的领导人访华，基本实现与周边国家高层往来全覆盖。这么频繁的见面走动本身就说明了中国与周边国家之间的亲近关系。

着力深化互利共赢的合作格局。中国积极践行惠及周边、互利共赢的合作理念，统筹经济、贸易、科技、金融等方面资源，找准深化同周边国家互利合作的战略契合点。以习近平同志为总书记的新一届中央领导集体出台了推动地区合作的重大战略倡议和举措，如建设丝绸之路经济带、21 世纪海上丝绸之路、孟中印缅经济走

▲ 2013 年 9 月 14 日至 15 日，落实《南海各方行为宣言》第六次高官会和第九次联合工作组会议在江苏苏州举行
（新华社记者　孙参／摄）

廊、中巴经济走廊，筹建亚洲基础设施投资银行，打造中国—东盟自贸区升级版、中国—东盟"2+7 合作框架"等，再次向东盟国家展示了我国积极推动亚洲互利合作、共同发展的诚意。目前，中国已经成为周边许多国家的最大贸易伙伴、最大市场和重要投资来源地。

着力推进区域安全合作。中国积极倡导共同、综合、合作和可持续的亚洲安全观，从各国共同利益着眼，积极培育合作应对安全挑战的意识，不断扩大合作领域、创新合作方式，以合作谋和平、以合作促安全。中国在积极推动亚信建设的同时，也努力推动上海合作组织、东盟地区论坛、东盟防长扩大会议等各种区域安全合作机制相互补充、相互促进，同舟共济、同担责任，共创地区和平稳定的美好未来。

不断加强公共外交和人文交流，巩固和扩大中国同周边国家关

系长远发展的社会和民意基础。关系亲不亲，关键在民心。要保持
中国与周边国家的友谊之树常青，必须夯实双方关系的社会土壤。
中国倡议把 2014 年确定为"中国—东盟文化交流年"，全方位推
进人文交流，深入开展旅游、科教、地方合作等友好交往，广交朋
友，广结善缘。亚洲区域的多样性，使各种文明在相互交流中融合
共进，为中国和周边国家人民相互学习、相互借鉴、相互促进提供
了重要文化基础。

在世界发展新形势下，我们要进一步统筹经济、贸易、科技、
金融、文化等各方面资源，利用好比较优势，找准深化同周边国家
互利合作的战略契合点，全面发展同周边国家的关系，巩固睦邻友
好，深化互利合作。

ⓘ _案 例_

习近平主席提出建设丝绸之路经济带
和 21 世纪海上丝绸之路的倡议

2013 年 9 月和 10 月，习近平主席访问中亚和东南
亚国家期间，分别提出建设丝绸之路经济带和 21 世纪海
上丝绸之路的倡议（简称"一带一路"），受到国内外高
度关注，在本地区和国际社会引起热烈反响。"一带一
路"交流合作范畴涉及基础设施互联互通、贸易投资便
利化、产业合作和人文交流等多领域，旨在将政治互信、
地缘毗邻、经济互补的优势转化为务实合作、持续增长
的优势，目标是实现中国与有关国家的政策沟通、设施

联通、贸易畅通、资金融通和民心相通，打造利益共同体和命运共同体。

中国与相关国家打造"一带一路"有着广泛的政治基础。东南亚、南亚、中亚、中东、中东欧、俄罗斯、东盟、上合组织、欧盟等国家和地区组织纷纷对"一带一路"表示欢迎。

中国与相关国家打造"一带一路"有着坚实的经济基础。"一带一路"沿线国家的人口数量、市场规模和发展潜力独一无二，与中国经济互补性强，有的国家能源资源富集，有的国家劳动力资源丰富、市场空间很大，而中国基础设施建设经验丰富，扩大对外投资前景广阔。加快"一带一路"建设有利于中国与沿线国家进一步发挥各自的比较优势，挖掘合作潜力，拓展合作领域，深化利益融合，实现区域共同繁荣发展。

打造"一带一路"符合双方人民的真诚愿望。历史上，中国即通过丝绸之路与沿线国家保持着密切的贸易关系和友好往来。在新形势下，中国仍要保持与丝绸之路沿线国家友谊之树常青，深入挖掘丝绸之路的历史人文内涵，推进旅游、文化、艺术、考古、体育、卫生等人文领域的交流合作，进一步夯实区域一体化的人文和社会基础。

"一带一路"是中国周边外交亲、诚、惠、容理念的重要体现。落实这一宏伟构想，不仅有利于中国及沿线国家经济发展，也有利于加强中国与周边国家友好合作关系。

第三节　加强与发展中国家的友好合作

中国是世界上最大的发展中国家，巩固与加强同广大发展中国家的友好合作，是中国外交的基石。在谋和平、求发展、促合作的新时代背景下，中国积极践行正确义利观，与广大发展中国家深化传统友谊，扩大互利合作，真诚帮助发展中国家实现自主发展，坚定维护发展中国家正当权益和共同利益，永远做发展中国家的可靠朋友和真诚伙伴。

◇　一、秉持正确义利观是中国与发展中国家关系的一面旗帜

中国经济规模已位居世界第二，但作为发展中国家的国家属性和国际地位没有变。中国的人均发展水平大大低于发达国家。据 2013 年联合国公布的人类发展报告，中国在人类发展指数排名中仅列第 101 位。中国仍然有上亿贫困人口，面临着城乡和区域发展不平衡问题。中国外交应立足于我国是发展中国家这一基本国情。

发展中国家始终是中国外交的基石。无论是在中国重返联合国等重要国际组织方面，还是在中国打破西方的制裁、封锁以及推动国际关系民主化方面，发展中国家都是中国在国际政治舞台上可以依靠的重要力量。相似的历史遭遇使中国与广大发展中国家心心相印，相同的发展阶段使中国与广大发展中国家在一系列重大国际地区问题上看法相似、立场相近。

以习近平同志为总书记的党中央秉承中华优秀文化和新中国外

交传统，顺应和平、发展、合作、共赢的时代潮流，提出了中国外交工作要树立正确义利观。习近平指出：义，反映的是我们的一个理念，共产党人、社会主义国家的理念。这个世界上一部分人过得很好，一部分人过得很不好，不是个好现象。真正的快乐幸福是大家共同快乐、共同幸福。我们希望全世界共同发展，特别是希望广大发展中国家加快发展。利，就是要恪守互利共赢原则，不搞我赢你输，要实现双赢。我们有义务对贫穷的国家给予力所能及的帮助，有时甚至要重义轻利、舍利取义，绝不能唯利是图、斤斤计较。

在国际交往尤其是与发展中国家打交道时，如何处理义和利的关系，是理解中国和平发展道路的一个重要视角。近年来，我国的发展壮大越来越受到国际社会的认可和欢迎，但外界误解、抹黑中

▲ 2013 年 4 月 19 日，中国援建的马拉维打井项目施工完成 　　　　（李扬志／摄）

国形象的声音始终存在。正确义利观的提出可谓恰逢其时，这不仅继承了中国外交的优良传统，体现了社会主义核心价值观，也为新时期中国与广大发展中国家的交往提供了重要指南，树立了新时期中国外交的一面旗帜。

◇　二、与发展中国家团结合作迈上新台阶

　　党的十八大以来，我国领导人先后访问了非洲、拉美、中东等地区的数十个发展中国家，这些国家的领导人也连续到访中国，推动了中国与发展中国家的经济、政治、文化和战略合作关系大踏步向前迈进。

　　中非友谊源远流长，形成了中非休戚与共、共同发展、文明互鉴的友好合作关系。20 世纪 70 年代，中国恢复联合国合法席位时得到了非洲国家的鼎力相助。中国在经济仍不富裕的情况下援建坦赞铁路，为非洲发展作出贡献。当前，在双方共同努力下，中非关系已进入全面发展轨道。中国政府高度重视对非关系。2013 年 3 月，习近平主席访问坦桑尼亚、南非、刚果共和国三个非洲国家，开创了中国国家元首首次出访就访非的先例。访非期间，习近平发表了题为《永远做可靠朋友和真诚伙伴》的重要演讲，针对中国对非关系提出了"真、实、亲、诚"的理念。中国与非洲国家签署了 40多个合作文件，并承诺 3 年内向非洲提供 200 亿美元贷款额度、建立"中非跨国跨区域基础设施建设合作伙伴关系"、实施"非洲人才计划"、加强对非洲技术转让和经验共享等一大批有利非洲国计民生的大项目，受到非洲国家领导人的高度赞赏，也有力批驳了所谓"中国在非洲推行新殖民主义"的谬论。

2014 年 5 月，李克强总理访问埃塞俄比亚和非盟总部、尼日利亚、安哥拉、肯尼亚，并出席在尼日利亚举行的第 24 届世界经济论坛非洲峰会全会。李克强在访问期间提出了"461"中非合作框架，即坚持平等相待、团结互信、包容发展、创新合作等四项原则，推进产业合作、金融合作、减贫合作、生态环保合作、人文交流合作、和平安全合作等六大工程，完善中非合作论坛这一重要平台，打造中非合作升级版，受到非洲国家普遍欢迎和国际社会广泛关注。

中国外交有一个传统，外交部部长每年的第一次出访都要访问非洲。2014 年伊始，中国外交部部长访问埃塞俄比亚、吉布提、加纳、塞内加尔四个非洲国家。

中国对非洲的援助和合作没有任何私利，中国梦和非洲梦相融相通，中国将致力于同非洲共圆复兴梦想，将坚定支持非洲在国际上发挥更大的作用。

拉美和加勒比是当今世界发展中国家最集中的地区之一，也是最具增长潜力的新兴地区之一，在中国外交工作全局中占有重要地位。中拉高层交往频繁，2013 年中国领导人同拉美和加勒比 21 个建交国中的 20 国领导人实现会晤，对拉工作基本实现"全覆盖"，并促成签署百余项合作协议。中拉经贸务实合作成果丰硕，中国继续保持拉美第二大贸易伙伴国地位。双方在能源资源、基础设施、农业、民生等领域形成一批重大合作项目，受到拉美国家普遍欢迎，促进了共同发展。

中国和阿拉伯国家的友谊源远流长，两千年前的丝绸之路就把中国同阿拉伯国家联系在一起。目前，中国正在推动建设丝绸之路经济带和 21 世纪海上丝绸之路，这两条丝绸之路的汇合点就是中东地区，这为中国和中东地区国家共同发展、共同繁荣创造了良好机会和广阔前景。中国在积极拓展与地区国家合作领域、加深利益融合、提升互利合作水平的同时，也高度关注地区形势，在推动解决巴以等热点问题上发挥了建设性作用。

ⓘ _ 案 例 _

非洲裔经济学家驳斥"中国新殖民主义"论

近些年，中国对非经贸合作得到大幅提升，对非直接投资持续增长，有力地促进了双方互利合作。但一些西方媒体却称"中国搞新殖民主义"。在 2013 年 2 月召开的非洲矿业大会上，世界银行前顾问、赞比亚裔的美国著名经济学家丹比萨·莫约发表题为《胜者为王：中国的资源竞赛对世界的意义》的演讲，反驳所谓"中国新殖民主义"论调。

莫约指出，当前全球存在双重判断标准：中国成为美国最大的外国贷款国，没有人抱怨中国对美国造成人权侵害，而当同样的事情发生在非洲时，则被贴上再殖民化的标签。

莫约认为，中国在非洲的投资是"共生关系"，这也得到了非洲人民的认同。她指出，佩尤研究中心在一项针对撒哈拉以南 10 个非洲国家的调查中发现，大部分非洲人对中国投资表示支持。在塞内加尔，86% 受访者认为中国给他们的国家带来益处，91% 的肯尼亚受访者相信中国的影响是积极的。莫约指出，中国对资源的需求给非洲带来了急需的贸易和投资，也为非洲的出口创造了宽广的市场。这对追求经济快速发展的非洲来说，大有益处。

丹比萨·莫约作为赞比亚裔的美国经济学家，以确凿的事实对所谓"中国搞新殖民主义"给予了有力的驳斥。

第四节　在多边舞台上发挥负责任大国作用

中国积极参与国际多边事务，发挥与自身国情和国家利益相适应的负责任大国作用，其中一个重要方向就是积极倡导和践行多边主义，推动和平解决地区热点问题与国际争端，大力参与全球治理、应对全球性挑战，为人类和平与发展事业作出重要贡献。

✧　一、积极开展多边外交

多边外交是中国参与国际事务、发挥大国作用的重要舞台。随着中国实力不断增强、国际地位不断提高，中国多边外交十分活跃。

中国坚定维护《联合国宪章》的宗旨和原则，全面参与联合国各领域工作，认真履行应尽的责任和义务，为推动联合国各项事业的发展作出积极贡献。作为联合国安理会常任理事国，中国一直倡导并支持联合国在国际事务中发挥核心作用。中国支持联合国根据国际形势的发展，进行必要、合理的改革，提高联合国的权威和效力，增强其应对新威胁、新挑战的能力，更好地履行《联合国宪章》赋予的职责，提高发展中国家在联合国事务中的发言权。

中国积极推动二十国集团机制发展。2013 年 9 月，习近平主席出席二十国集团领导人第八次峰会时表示，中国有条件有能力实现经济持续健康发展，体现了中国作为最大的发展中国家和负责任大国愿意承担国际责任、以自身发展带动地区发展与世界发展的积极愿望。同时，习近平倡议二十国集团成员国建设更加紧密的经济伙伴关系，采取负责任的宏观经济政策，共同维护和发展开放型世界经济。

中国积极推动金砖国家机制建设，促进新兴市场国家的务实合作与联合自强。2013 年，金砖国家领导人第五次会晤，决定进一步推进金砖国家机制建设，建立金砖国家开发银行和应急储备安排等，为完善全球经济治理、提升发展中国家发言权和影响力、促进国际关系民主化发挥了重要作用。

中国积极参与多边安全合作，为维护国际地区和平与稳定作出积极贡献。2014 年 3 月，习近平主席在第三届核安全峰会上介绍中国核安全措施和成就，阐述中国关于发展和安全并重、权利和义务并重、自主和协作并重、治标和治本并重的核安全观，呼吁国际社会携手合作，实现核能的持久安全和发展。同年 5 月 21 日，中国在上海成功举行亚信第四次峰会。习近平在峰会上强调，中国将同各方一道，积极倡导共同、综合、合作、可持续的亚洲安全观，搭建地区安全和合作新架构，努力走出一条共建、共享、共赢的亚洲安全之路。亚洲安全观得到与会各方支持，其主要内容写入了本次亚信峰会发表的《上海宣言》。这对增进地区国家互信与协作、实现本地区乃至世界的持久和平与共同发展具有重要意义。

中国积极倡导并开展国际人权交流与合作，促进国际人权事业健康发展。中国建设性参与联合国人权理事会等多边人权机制工作，阐述中国立场、主张和倡议，推动各方以公正、客观、非选择性方式处理人权问题。2013 年 11 月 12 日，中国以 176 票高票第三次当选人权理事会成员国。2014 年 3 月，中国接受人权理事会第二轮国别人权审查报告并获得核可。近年，中国顺利完成《经济、社会及文化权利国际公约》第二次履约报告审议等多个人权公约的审议。中国与美国、欧盟、英国、德国、澳大利亚等多个西方国家和地区开展人权对话。与俄罗斯、巴基斯坦、古巴等国举行人权磋商，增进了解、理解和互信。中国与联合国人权事务高级专员办事处等人权机构保持良好合作。

✧ 二、推动和平解决国际和地区热点问题

中国在国际关系中倡导和平共处五项原则，倡导相互尊重彼此主权及核心利益，尊重各国对自身社会制度和发展道路的选择，并以此为基础，在重大国际和地区热点问题上坚持劝和促谈，为推动有关问题得到政治解决和局势缓和发挥了重要建设性作用。

在朝鲜半岛核问题上，中国的立场是十分明确的，即坚持实现半岛无核化，坚持维护半岛和平稳定，坚持通过对话协商解决有关

问题。中国致力于维护半岛及东北亚地区的和平与稳定，积极斡旋，努力推动重启六方会谈，为推动朝鲜半岛局势趋向缓和发挥了积极作用。

在伊朗核问题上，中方始终推动对话谈判，主张寻求有利于维护国际核不扩散体系和中东和平稳定的解决方案。中国一直积极参加相关磋商与谈判，推动各方照顾彼此关切，妥善处理分歧，为推动对话取得进展作出了建设性努力。

在叙利亚问题上，中国高举政治解决旗帜，坚持做各方工作，建设性推动叙利亚问题政治解决进程。中国提出各方应坚持通过政治手段解决，坚持由叙利亚人民自主决定国家的未来等主张，得到国际社会广泛支持。同时，中国积极参与政治解决叙利亚化学武器问题的国际努力，为化学武器销毁提供人力与物力支持，并派出军舰全程参与叙利亚化学武器海运国际护航。为缓解叙利亚人民所遭受的苦难，中国通过双边渠道和有关国际组织，向叙利亚人民及境外难民提供了紧急人道主义援助。

在中东和平进程问题上，中方积极支持联合国特别是安理会发挥更大作用，推动国际社会形成对中东和平进程的一致支持。中国展开积极的外交斡旋工作，承办了联合国支持巴以和平国际会议，为中东和平进程助力。

在乌克兰问题上，中国主张尊重各国主权和领土完整，主张在法律和秩序框架内、通过对话和谈判尽早解决有关分歧，充分照顾各民族和各地区人民的合法权益，呼吁国际社会为缓和乌克兰局势作出建设性努力并开展斡旋。中国在乌克兰问题上秉持公正、客观的态度，不支持造成对立、激化局势的解决方案，为政治解决乌克兰危机发挥建设性作用。

✧ **三、积极参与应对全球性挑战**

中国尽力为应对全球性挑战提供更多的公共产品，在发展问题、气候变化、非传统安全等领域发挥了积极而重要的作用。

中国是国际发展事业的大力推动者，积极推动实现联合国千年发展目标，推动帮助实现发展中国家可持续发展。中国向发展中国家提供大量资金、物资、技术、人力资源方面的援助。中国向联合国环境规划署信托基金捐款600万美元，用于帮助发展中国家提高环境保护能力的项目和活动；帮助发展中国家培训加强生态保护和荒漠化治理等领域的管理和技术人员，向有关国家援助自动气象观测站、高空观测雷达站设施和森林保护设备；基于各国开展的地方试点经验，建设地方可持续发展最佳实践全球科技合作网络。

中国高度重视应对气候变化工作，将其作为建设生态文明和美丽中国的重要组成部分，列入国家发展规划，开展了大量适应和自主减缓行动。中国积极参与应对气候变化的国际合作，安排2亿元人民币开展为期3年的国际合作，帮助小岛屿国家、最不发达国家、非洲国家等应对气候变化。与此同时，中国主张，发达国家与发展中国家在可持续发展和应对气候变化问题上应承担"共同但有区别的责任"。发展中国家承担的国际责任应与其发展阶段和实际能力相适应，要求他们承担与发达国家相同的责任和义务，接受与发达国家相同的规则，是不公平、不合理的，也无助于国际合作和世界经济可持续发展。

中国积极参与防止核武器扩散和网络安全等非传统安全领域的多边合作。中国一贯主张全面禁止和彻底销毁核武器，积极推动建立无核武器世界；坚决反对任何形式的核武器扩散，认真履行国际防扩散义务，积极参与国际防扩散努力，建立了一整套与国际接轨的出口管制法律法规体系；始终从维护国际核不扩散机制、维护国际和地区和平与安全出发，推动和平解决有关地区核问题；高度重视和平利用核能问题，为推动国际和本地区和平利用核能事业的发展作出了积极贡献。中国主张国际社会共同维护网络空间的安全、稳定与繁荣，倡导维护网络空间安全四项原则：一是和平原则，各国树立互信、互利、平等、协作的新安全观。二是主权原则，各国对其领土内的信息通信基础设施和信息通信活动拥有管辖权。三是共治原则，遵循多边、民主、透明的原则，实现资源共享、责任共担、合作共治。四是普惠原则，倡导互利共赢理念，开展国际合作，跨越"数字鸿沟"。

▲ 2010 年 12 月 3 日，在利比里亚蒙罗维亚运输分队营区，联合国驻利比里亚特派团司令穆罕默德·哈立德为中国维和官兵佩戴和平勋章　（新华社发　范德银／摄）

对中国而言，参与全球治理机制和各类多边组织，是学习、增强国际规则制定能力、进一步提升话语权和影响力、维护国家利益的重要契机。对世界而言，全球化进程的持续推进需要中国力量、中国智慧与中国方案。中国在国际组织中的作用不断增强，有利于开创中国与世界互相推动、互相促进的"双赢"局面。

中国将坚定不移地做共同发展的推动者、多边贸易体制的维护者、全球经济治理的参与者和改革者；将继续着眼本国人民利益和人类共同利益，按照责任、权利、能力相一致的原则，力所能及地承担更多国际责任，积极参与国际体系改革和全球治理，推动国际政治经济秩序朝着更加公正合理方向发展；将继续建设性参与政治解决重大国际地区热点问题和应对全球性挑战，争取为维护世界和平、安全、稳定作出新的更大的贡献；将继续积极参与全球发展事业，与世界各国一道，推动世界繁荣进步。

ⓘ _案 例_

中国在巴以问题上发挥建设性作用

巴以问题是影响中东地区和平稳定的重大热点问题。巴以问题得不到解决，中东和平就难以实现。作为联合国安理会常任理事国，中国一直为解决这个问题发挥积极作用。

2013年5月，中国同期接待巴勒斯坦和以色列两国领导人访华，习近平主席专门做了两国领导人工作，并提出解决巴以问题的"四点主张"，强调巴勒斯坦独立建国、巴以两国和平相处是解决问题的正确方向，和平谈判是实现巴以和解的唯一现实途径，"土地换和平"等原则是推进中东和平进程的重要基础，国际支持是推进和平进程的必要保障。"四点主张"得到了巴以双方和国际社会广泛和积极响应。

2013 年 12 月，我国外交部部长访问巴勒斯坦、以色列期间，指出相互承认对方的存在权利，相互照顾对方的合理关切是推动和谈的正确途径。中国支持建立以 1967 年边界为基础，以东耶路撒冷为首都、独立的巴勒斯坦国。

中国在巴以问题上所发挥的建设性作用，特别是坚持不懈地劝和促谈，对中东和平进程有着重要的意义。作为国际社会的一员，中国积极支持国际促和努力，不断为推动巴以和平进程注入正能量。这体现了中国外交的两个重要方面：一是中国一贯根据事情本身的是非曲直决定自己的立场和政策；二是中国倡导"以和为贵"的传统文化和"和平解决国际争端和热点问题"的外交理念。

■ 本章小结 ■

大国关系是中国外交布局的关键，保持大国关系的总体稳定，对于中国深化全方位对外合作、维护良好外部环境至关重要。习近平担任国家主席后，通过对各大国的访问，夯实了中俄全面战略协作伙伴关系基础，明确了中美新型大国关系的构建方向，开拓中欧互利务实合作的新领域，推动了大国关系的新发展。

周边是中国和平发展的地缘依托和战略依托。中国将继续坚持与邻为善、以邻为伴和睦邻、安邻、富邻的周边外交方针和政策，践行亲、诚、惠、容理念，全面发展同周边国家的关系，巩固睦邻友好，深化互利合作，努力使中国与周边国家政治关系更加友好、经济纽带更加牢固、安全合作更加深化、人文联系更加紧密，从而打造紧密的周边命运共同体。

中国是最大的发展中国家，加强与发展中国家的团结合作，维护发展中国家的共同利益，始终是中国外交政策的基本立足点。在新的形势下，以习近平同志为总书记的党中央提出了正确义利观和"真、实、亲、诚"理念，强调中国将永远做发展中国家的可靠朋友和真诚伙伴，共同维护发展中国家整体利益，着力推进与发展中国家的团结合作迈上新台阶。

随着中国的国际地位与影响不断提升，中国在国际舞台上负责任大国作用日益彰显。中国积极开展多边外交活动，参与解决国际和地区热点问题，应对全球性挑战，为维护世界的和平、发展与繁荣作出了重要贡献。

重要术语解释

"**修昔底德陷阱**"：公元前 5 世纪在希腊半岛的雅典和斯巴达之间发生了伯罗奔尼撒战争，古希腊历史学家修昔底德认为战争爆发的原因在于雅典的力量日益壮大，引起了其竞争对手斯巴达的担忧与恐惧，从而导致双方的战争不可避免。后人据此总结为"修昔底德陷阱"，用此指代新兴国家和既有强国之间必然发生战争。目前多用"修昔底德陷阱"来指中美关系，担心中美关系会重走历史上大国崛起的冲突对抗老路，而构建中美新型大国关系就是要避免"修昔底德陷阱"，走出一条 21 世纪新型大国关系之路。

"非洲人才计划"：作为中国对非援助中的一种形式，"非洲人才计划"于 2012 年 7 月在中非合作论坛第五届部长级会议上提出。中国政府承诺，将在今后三年为非洲培训各类人才 3 万名，提供政府奖学金名额 1.8 万个，并注重优化培训内容、提高培训质量。2013 年 3 月习近平主席在坦桑尼亚尼雷尔国际会议中心演讲时再次重申，授人以鱼，更要授人以渔，中国将积极实施"非洲人才计划"，加强对非洲技术转让和经验共享。目前，此计划正在积极落实之中。

孟中印缅经济走廊：2013 年 5 月，李克强总理在访问印度期间提出共同建设孟中印缅经济走廊倡议，得到印度、孟加拉国、缅甸三国的积极响应。该倡议提出的背景是，中国西南、印度东部、缅甸、孟加拉国均相对欠发达，此前邦省级别的合作动力有限，将打造"经济走廊"上升至国家层面，能够通过四国延伸带动南亚、东南亚、东亚三大经济板块联合发展。2013 年 12 月，孟中印缅经济走廊联合工作组第一次会议在中国昆明召开，四国政府高官和有关国际组织代表就经济走廊发展前景、优先合作领域和机制建设等进行了深入讨论，就交通基础设施、投资和商贸流通、人文交流等具体领域合作达成广泛共识。四方签署了会议纪要和联合研究计划，会议正式启动走廊四国政府间合作进程，将中印领导人的联合倡议顺利转化为四国共同行动。建设孟中印缅经济走廊是贯彻落实我国周边外交战略的重大举措，是实现睦邻、安邻、富邻的重要实践，有利于促进我国与南亚、东南亚地区的互联互通，推动孟中印缅四国的投资贸易往来和地区经济社会发展，惠及四国百姓。

中国—东盟自贸区升级版： 中国—东盟自由贸易区（CAFTA）是中国与东盟十国组建的发展中国家之间最大的自贸区，于 2002 年启动，2010 年全面建成，合作成果丰硕。2013 年，中国政府提出要打造中国—东盟自贸区升级版，主张双方进一步降低关税，削减非关税措施，积极开展新一批服务贸易承诺谈判，推动投资领域的实质性开放，力争到 2020 年双边贸易额达到 1 万亿美元，今后 8 年新增双向投资 1500 亿美元。打造中国—东盟自贸区升级版有助于进一步推动中国与东盟国家之间包容、合作、共赢关系，实现经济的互补性。

联合国千年发展目标： 2000 年 9 月，在联合国千年首脑会议上，世界各国领导人就消除贫穷、饥饿、疾病、文盲、环境恶化和对妇女的歧视，商定了一套有时限的目标和指标。即消灭极端贫穷和饥饿；普及小学教育；促进男女平等并赋予妇女权利；降低儿童死亡率；改善产妇保健；与艾滋病毒／艾滋病、疟疾和其他疾病作斗争；确保环境的可持续能力；全球合作促进发展。这些目标和指标被置于全球议程的核心，统称为千年发展目标（Millennium Development Goals）。

思考题

1. 新型大国关系"新"在何处？如何构建中美新型大国关系？
2. 为什么说"与发展中国家的团结与合作"是中国外交的基础？
3. 亲、诚、惠、容的周边外交理念提出的背景和意义是什么？
4. 怎样才能使命运共同体意识在周边落地生根？
5. 如何在国际事务中更好地发挥负责任大国作用？

第 五 章

扎实推进各领域外交

第一节　积极开展经济外交

2008年国际金融危机爆发后，世界经济进入深度转型调整期。经济问题在国际议程中的分量进一步上升，经济与政治安全问题联动性进一步增强。主要大国更加重视经济外交，围绕国际经济规则制定权的竞争更加激烈。

◇　一、经济外交是外交工作服务国内发展的直接体现

经过30多年的改革开放，我国经济国际化程度大幅提高，贸易和资源能源对外依存度很高，对国际市场的需求进一步加大。做好经济外交工作，不断提高我国开放型经济水平，努力营造更加有利的外部环境，对于我国经济的持续稳定健康发展，更好地服务于实现"两个一百年"的奋斗目标具有重要意义。

经济外交是提升我国在国际经济领域话语权的需要。通过经济外交，加深了我国与世界的融合，有利于我国运用各类外交和经济

平台，发出中国声音，提出中国方案，施加中国影响，使国际经济金融规则的制定和议程的设置更能反映我国及发展中国家的利益和关切。

经济外交有利于推动与各国关系的发展。放眼当前，求和平、谋发展、促合作是世界各国人民的共同愿望和普遍追求。开展经济外交，有利于拉紧与世界各国的利益纽带，实现各国的互利共赢与共同发展，与世界各国的友好合作关系将不断得以提升。

✧ 二、经济外交面临的形势

当前，我国推进对外经济合作面临新的机遇。从国内看，我国已成长为全球第一制造和货物贸易大国、第二大经济体，有望成为世界最大市场，一批中国企业能够与老牌跨国公司一争高下，这些因素是我国开展经济外交的优势资源。党的十八届三中全会开启了新一轮改革开放的征程，提出了一系列对外经济合作的战略部署，对外释放经济合作的新红利。从国际看，经济全球化仍在不断发展，非洲等一批国家积极融入，拓宽了发展机会和市场。页岩气革命和新一轮产业技术革命将推动世界范围内的产业升级和发展。在当前世界经济进入低速增长的背景下，各方期待中国继续发挥拉动世界经济增长的引擎作用，"中国发展机遇论"赢得更多理解和认同。越来越多的国家视中国为战略上可倚重的力量和重要经济合作伙伴，与我国开展务实合作的意愿上升。一些发达国家引资需求增加，给中国企业开展跨国并购、拓展合作新渠道打开了机会之窗。很多国家对共建"一带一路"态度积极，迫切希望中国企业投资搞基建，发展农业、制造业、高科技产业等。

在世界经济深度转型调整背景下，对外经济合作也面临不少挑战。一是随着国内生产要素成本进入集中上升期，"人口红利"逐步减少，加之外部需求持续疲弱，国际经济竞争趋于激烈，我国传统优势产业日益受到侵蚀，而新的竞争优势短期内难以明显提高；二是企业"走出去"势头迅猛，但融资保险、信息咨询等服务体系有待健全，安全保障能力和水平有待提高；三是我国经济"两头在外"特征明显，对外依存度高，易受他国贸易投资保护主义和个别国家经贸、资源民族主义的损害；四是受个别国家国内政局不稳、民族宗教矛盾多发、法制不健全等因素影响，我国公民和企业在这些国家经营的安全风险较大。

当然，对这些问题和挑战要辩证地看待。很多问题是扩大开放、参与全球化竞争的必经阶段，需要我们不断积累经验，加强对经济外交的统筹规划，完善相关机制体制建设。

◇ 三、经济外交成效显著

新中国成立以来，特别是改革开放 30 多年来，我国坚持互利共赢的开放战略，积极与世界各国开展务实合作，经济外交取得突出成果。

第一，以经贸合作推动与其他国家关系发展，营造更加有利的外部环境。以经济合作增强政治互信，重点推动各方客观、理性、务实地看待中国的快速发展，最大限度减少我国发展面临的外部阻力。突出互利共赢，强调中国与他国发展战略和产业的对接，积极对外宣传中国发展前景光明论和中国全面深化改革机遇论。同时妥善处理与有关国家经贸摩擦，为我国企业、资金"走出去"营造良好的外部环境。中美战略与经济对话、中美商贸联委会等机制进展顺利，双边贸易和投资发展势头良好。双方共同承诺加强宏观经济政策协调，同意开展中美双边投资协定实质性谈判，加强在金融机构监管执法、跨境监管、影子银行等领域的金融合作等，有利于进一步发挥经贸合作在中美关系中的"压舱石"作用。2013 年，中欧通过对话与磋商解决光伏贸易摩擦，推动中欧经贸关系持续、稳定发展。中国先后与冰岛、瑞士签署了自贸协定。2014 年中国与欧盟正式启动投资协定谈判，双方互利合作势头不断加强。中国加大对周边经济合作的投入，打造中国—东盟自贸区升级版，与韩国、澳大利亚完成了自贸协定实质性谈判，将我国与周边国家合作推向新高。中非、中拉、中国与太平洋岛国经贸关系亦驶入快车道。

第二，高度重视经济话语权和参与国际贸易规则的制定，着力将经济实力转化为国际影响力。积极向国际组织推出中国人选，提升中国在国际经济金融领域的地位与影响。在金砖国家领导人会晤上提出"一体化大市场、多层次大流通、陆海空大联通、人文大交流"的目标，在二十国集团领导人峰会和亚太经合组织领导人非正式会议上提出建设"发展创新、增长联动、利益融合的开放型世界经济"倡议，得到各方响应并纳入峰会成果文件。提出正确义利观，唱响中国发展前景光明论，倡导合作共赢理念，推动命运和利益共同体建设，积极引导国际发展问题的讨论方向。打造亚洲货币稳定体系、投融资合作体系和信用体系等区域合作机制，争取规则制定权。

第三，更加注重以经济外交服务国家长远发展战略和现实发展需求。中国改革正进入深水区，我国正处在创新对外开放模式、提升开放水平的重要阶段，面临维护国内能源资源安全、服务国内装备技术走出去、优质过剩产能转移等重要任务，经济外交在配合国内经济议程和地方经济建设等方面发挥着越来越重要的作用。近年来，我国成功举办了博鳌亚洲论坛、夏季达沃斯论坛、中国西部国际博览会、欧亚经济论坛、中国—东盟博览会、中国—亚欧博览会、中国—南亚博览会、生态文明贵阳国际论坛、中阿（拉伯）博览会、中国—葡语国家经贸合作论坛（澳门）等各类国际论坛；促进各地方开展对外经贸合作，积极推动国宾和重要外宾访问我国西部和边疆省份，让外部世界对我国有更全面、更立体的认知，切实为地方经济社会发展服务。

▲ **2014 年 4 月 10 日，博鳌亚洲论坛 2014 年年会开幕**　（新华社记者　郭程／摄）

第二节　大力开展安全外交

　　中国高度重视并积极开展安全外交工作，筑牢维护国家安全的"防波堤"，有力维护国家主权、安全和发展利益。

✧ 一、积极开展涉藏外交

近年来，达赖集团不断变换手法，实施反华分裂破坏活动。
2013年，十四世达赖和"西藏流亡政府首席噶伦"洛桑孙根窜访十
余国，进一步推动涉藏问题国际化。达赖集团还纠集各地"藏独"
和支持"藏独"势力在各国滋事，并对中国驻外使领馆进行滋扰。
国际反华势力继续为达赖集团提供支持，借涉藏问题干涉我国内政。

中国积极主动开展涉藏外交工作，向国际社会阐明中国在涉藏
问题上的原则立场，巩固国际社会关于西藏是中国一部分的共识。
大力宣传西藏自治区和四川、云南、甘肃、青海四省藏区经济社会
发展情况和宗教文化保护成就，推动国际社会加深对西藏和四省藏
区真实情况的了解。同时，紧密结合地区形势变化和五省区实际需
求，有针对性地协助五省区开展对外合作，积极推动西藏与有关国
家开展务实合作。

中国针对少数国家在涉藏问题上的错误立场进行坚决斗争，对
个别国家官方和政要会见达赖进行严正交涉，要求其停止纵容、支
持"藏独"分裂活动。

经过积极努力，国际社会对西藏和四省藏区的发展现状和我国
涉藏政策的正确理解加深，达赖集团企图通过炒作"西藏问题"、
推动涉藏问题国际化以及推动"西藏独立"的图谋被屡次挫败。

✧ 二、大力开展涉疆外交

境外"东突"势力打着"民主""人权"旗号，进行反华分裂

和滋扰活动，图谋破坏新疆等地的发展稳定。

中国大力开展涉疆外交工作，广泛做国际社会工作，阐述在涉疆问题上的原则立场，揭露"东突"势力反华分裂、宗教极端和暴力恐怖本质，强调涉疆问题事关中国主权和领土完整，涉及中国核心利益，敦促有关国家在涉疆问题上谨言慎行，不允许"东突"势力利用其领土从事反华分裂活动，要求其采取措施，确保中国驻外机构和人员安全。同时，加强双边和地区安全合作，推动落实《上海合作组织成员国打击恐怖主义、分裂主义和极端主义 2013 年至 2015 年合作纲要》，维护地区稳定。

积极为新疆对外合作交流创造有利条件，推动新疆同周边国家互联互通建设和人员往来便利化。在新疆成功举办中国—亚欧博览会。

通过涉疆外交，国际社会进一步增进对新疆真实状况的理解，在涉疆问题上客观理性的声音不断增多。"东突"势力推动所谓"新疆问题"国际化图谋失败。作为中国全面开放的一个重要门户，新疆正在发挥区位、资源、人文等优势，开展与周边国家在跨境贸易、互联互通、人文等领域的交流合作，实现了开放共赢和共同发展。

◇　三、深入推进反恐合作

近年来，国际和地区反恐形势发生深刻复杂变化。西亚北非和非洲反恐形势严峻，南亚、中亚等地区反恐任务艰巨，美欧本土面临"独狼式"恐怖袭击威胁。全球范围内网络恐怖主义危害性日益凸显。我国面临的恐怖威胁更趋多元。以"东伊运"为代表的"东突"恐怖势力加大与国际恐怖势力勾连，通过网络大肆传播恐怖思想，传授暴恐技术，策划恐怖活动。我国境外机构和公民面临的恐怖威胁有所上升。

中国坚决反对一切形式的恐怖主义，主张国际社会应遵守《联合国宪章》和其他国际社会所公认的国际法和国际关系准则，开展国际合作，共同打击恐怖主义。中方认为，在反恐问题上应加强不同文明之间的交流对话，采取政治、经济、社会、外交、法律等各种措施进行综合治理，努力消除恐怖主义滋生的土壤。中方反对将恐怖主义与特定的国家、民族或宗教相联系，反对在反恐问题上持双重标准。

中国高度重视开展反恐外交，紧密结合国内外反恐斗争新形势，坚持从维护国家主权、安全和发展利益出发，统筹国内国际两个大局，积极推进反恐外交工作。

一是积极开展双边反恐磋商。先后同近20个国家举行双边反恐磋商，就国际和地区反恐形势、各自反恐举措及反恐合作等问题深入交换意见和看法。

二是广泛参与多边反恐交流合作。积极参与联合国框架下的反恐工作，支持和全面参与联合国安理会"基地"组织制裁委员会列、除名工作，深入参与联合国大会、安理会及其反恐委员会等联合国框架内反恐工作，严格执行安理会及联合国大会反恐决议，落实联合国《全球反恐战略》，推动联合国大会及安理会就打击网络恐怖主义加强合作，推动上海合作组织继续加强反恐合作机制和反恐法律基础建设。积极参与"全球反恐论坛"、金砖国家、亚太经合组织、东盟地区论坛等多边机制的反恐合作，加强反恐政策协调，宣传中国反恐政策和举措，借鉴各国反恐经验，不断提高自身反恐能力。

三是推动在打击"东突"恐怖势力方面的合作。通过高层交往、反恐磋商、参加国际反恐会议等渠道，深入做有关国家和国际组织工作。"东伊运"被列入联合国安理会反恐制裁清单。

四是做好重大暴恐案件涉外工作。针对北京天安门"10·28"、云南昆明火车站"3·1"、乌鲁木齐火车南站"4·30"、乌鲁木齐早市"5·22"等严重暴力恐怖袭击案件，及时主动发声，坚决有力地驳斥对我国民族宗教政策的不实指责。

五是全力做好海外机构和人员涉恐安全防范工作。坚持以人为本、安全第一，贯彻"防反结合，以防为主"的方针，查找潜在的恐怖威胁因素，搞好安全风险评估与预警，增强现有反恐措施的有效性和风险承受能力，建立健全处置突发恐怖事件的长效机制。

通过上述工作，中国扩大了同有关国家在反恐问题上的利益汇合点，深化了反恐务实合作。特别是在打击"东突"恐怖势力方面，赢得了国际社会更多支持与配合，有效挤压了"东突"恐怖势力生存空间，维护了国家主权、安全和发展利益，同时也为维护我国海外机构和人员安全利益，促进国际反恐合作，维护国际和地区安全稳定作出积极贡献。

▲ 2013 年 8 月 11 日，"边防联合决心—2013"反恐演习在中吉边境地区举行

（新华社发　王小雪／摄）

第三节　坚决捍卫国家领土主权和海洋权益

对于中国外交，维护国家主权安全是一项基本任务和神圣使命。党的十八大报告明确指出，"我们坚决维护国家主权、安全、发展利益，决不会屈服于任何外来压力"。

◇ 一、中国在维护国家主权安全问题上的基本原则和举措

中国珍视自身领土主权完整和国家安全，也充分尊重各国维护本国主权与安全利益的正当权利。中国一贯致力于通过和平方式处理同有关国家的领土主权和海洋权益争端。与此同时，对于侵犯我国领土主权和海洋权益的挑衅行为进行坚决斗争，维护正当权益。

在陆上方向，党和国家领导人历来高度重视解决边界问题，制定了既尊重历史又照顾现实、和平谈判、平等协商、相互谅解、遵循国际惯例划界和勘界等解决边界问题的总原则、总方针。在这一方针指导下，陆上划界工作取得了重要成绩。中国将继续坚持这一总原则、总方针，坚持不懈地致力于以平等、协商方式解决遗留的其他陆地边界问题。

在海上方向，中国立场是一贯的，那就是有关争议应该由直接相关的当事国在尊重历史事实和国际法的基础上，通过双边协商和谈判解决。

当前，周边海洋形势总体稳定，尽管当事国之间存在各种分歧，有些分歧还很大，但这些都可以通过耐心地、建设性地谈判，得到妥善处理直至公平解决。

◇ 二、维护领土主权与海洋权益的外交实践

我国坚持通过对话谈判的方式和平解决与周边国家的领土主权和海洋权益争议。

目前,中国已与 14 个陆地邻国中的 12 个签订了边界条约或协定,与越南完成了北部湾海域划界,划定的边界约占中国陆地边界线总长度的 90%。中国积极推进与印度的边界谈判,双方有效管控了分歧,维护了两国边境地区总体稳定和共同发展大局。2013 年 10 月中印签署的边防合作协议,对于维护边境地区的和平稳定具有重要意义。

在解决岛礁领土与海域划界争端问题上,中国一贯且明确主张在尊重历史事实和国际法基础上,与直接当事国通过谈判协商解决。与此同时,对侵犯我国领土主权和海洋权益的挑衅行为进行坚决斗争。

目前,我国遗留陆地上的问题主要是与印度和不丹的边界问题。我国与 8 个海上邻国都存在不同程度的海洋争议,其中既有岛礁主权争议,也有专属经济区和大陆架划界问题,有关问题互相交织,解决的难度比较大。

(一) 关于钓鱼岛问题

钓鱼岛及其附属岛屿自古以来就是中国领土,中国最早发现、命名和利用这些岛屿,并长期行使有效管辖。明、清两朝均将钓鱼岛划为我国海防管辖范围之内。明清时期的多幅疆海图都清楚标明钓鱼岛为中国的一部分。1895 年日本在甲午战争末期非法窃取这些岛屿,第二次世界大战后,根据《开罗宣言》和《波茨坦公告》

等国际法律文件，这些岛屿在国际法上业已回归中国。

当前，钓鱼岛的紧张局势是由日本单方面造成的。2012 年 4 月，日本极右分子、东京都知事石原慎太郎提出东京都将于年内"购买"钓鱼岛及其附属岛屿。7 月，日本政府抛出所谓的钓鱼岛"国有化"计划。尽管中国坚决反对并提出严正交涉，日本政府仍于 9 月与钓鱼岛及附属岛屿所谓的"土地权所有者"签订了"购岛"合同。日方的行为打破了中日建交时双方有关搁置争议的谅解和共识，迫使中方采取维权行动。

外交上，中国政府在日本实施所谓"购岛"当日就发表声明，从历史、法理、国际政治、双边关系等多个层面驳斥日本的行为。中国政府多次召见日本驻华大使，表明中国的坚决反对和强烈不满。在联合国大会、亚欧首脑会议等多边场合，中国严正阐述立场，驳斥日方在钓鱼岛问题上的狡辩。

法理上，中国公布了钓鱼岛及其附属岛屿的领海基点基线，公布了钓鱼岛及其附属岛屿的地理坐标等。中国将相关文件提交联合国秘书长及有关机构。

海上维权方面，日本进行所谓"购岛"后，中国在钓鱼岛领海开展常态化巡航，中国公务船编队、海监飞机等执法力量加强对钓鱼岛海空域巡航监控。中国公务船在钓鱼岛海域巡航护渔，保护作业的中国渔船和渔民的安全。

外宣方面，2012 年 9 月，中华人民共和国国务院新闻办公室发表《钓鱼岛是中国的固有领土》白皮书。针对日本的宣传攻势，中国驻外使领馆积极开展公共外交工作。

中日互为重要近邻，发展和平、友好、合作的中日关系符合两国和两国人民的根本利益，也有利于本地区乃至世界的和平稳定和发

▲ 国家海洋局组织中国海监开展钓鱼岛海空立体巡航　　　　　　　（新华社发）

展。中国一贯主张在中日四个政治文件的基础上，本着以史为鉴、面向未来的精神，推动中日关系健康稳定发展，希望日方同中方相向而行，妥善处理两国关系面临的问题，为中日关系改善发展作出努力。

（二）关于南海问题

南海问题的核心是南海周边一些国家非法侵占中国南沙群岛部分岛礁引发的领土争议和南海部分海域的海洋权益主张重叠问题。中国在南海的主权和相关权利主张拥有充足的历史和法理依据，是在长期的历史发展过程中形成的并为历代政府所坚持。中国从汉朝开始就发现和逐步完善了对南海诸岛以及相关海域的管理。第二次世界大战期间，日本帝国主义侵略中国，非法侵占了中国的西沙群岛和南沙群岛。根据《开罗宣言》和《波茨坦公告》等一系列国际文件精神，第二次世界大战后，中国恢复了对西沙群岛和南沙群岛的主权。在西沙群岛和南沙群岛回归中国以后，中国政府在 1948 年划定和宣布了南海断续线。大量的历史文件以及各国出版的地图都是这样明确记载或标定的。

长期以来，周边国家并未对中国对南海诸岛及附近海域的主权提出质疑。20 世纪六七十年代，随着这一地区发现了丰富的石油资源，这个问题才浮出水面。近年来，一些声索国利用外交、法理、资源开发和军事等手段，不断强化对南沙岛礁和南海有关海域的所谓"主权"宣示和实际"管辖"。

根据上述不同情况，中国坚决维护我国在南海的主权和海洋权益。中国主张，有关争议应该由当事国在尊重历史事实和国际法的基础上，通过双边协商和谈判解决。关于个别国家挑起的南海问题国际仲裁，中国已于 2006 年根据《联合国海洋法公约》作出排除性声明，依法采取不接受、不参与仲裁的坚定立场。对侵占我国南沙岛礁、制造"西沙争议"等企图，中方一直予以坚决反击。另一方面，与东盟国家在落实《南海各方行为宣言》框架下就"南海行为准则"举行磋商，以循序渐进和协商一致的方式稳步推进"南海行为准则"进程，积极推动海上合作、推进共同开发。上述举措既坚定维护了我国主权和海洋权益，也着眼大局，维护了和平稳定的国际和地区环境。

一段时期以来，国际上一些人极力炒作南海航行自由问题。事实上，长期以来南海航行自由和安全不存在问题。南海是中国对外贸易和进口能源运输的主要通道，保证南海航行自由安全对中国十分重要。中国政府一贯坚持各国在南海的航行自由应该得到保障，并积极参与地区海上安全合作。中国维护在南海的主权和海洋权益，不影响各国依据国际法在南海享有航行和飞行自由。

ⓘ _ 案 例 _

中国划设东海防空识别区

防空识别区是濒海国家为防范可能面临的空中威胁，在领空外划设的空域范围，用于及时识别、监视、管制和处置进入该空域的航空器，留出预警时间，保卫空防安全。

2013 年 11 月 23 日，中国国防部发表声明，宣布划设中华人民共和国东海防空识别区，并发布航空器识别规则公告和识别区示意图。东海防空识别区的范围，是根据国家空防需求和维护空中飞行秩序需要确定的，具体为以下六点连线与我领海线之间空域范围：北纬 33 度 11 分、东经 121 度 47 分，北纬 33 度 11 分、东经 125 度 00 分，北纬 31 度 00 分、东经 128 度 20 分，北纬 25 度 38 分、东经 125 度 00 分，北纬 24 度 45 分、东经 123 度 00 分，北纬 26 度 44 分、东经 120 度 58 分。航空器识别规则公告明确指出，位于中国东海防空识别区飞行的航空器，应当向中国外交部或民用航空局通报飞行计划。对于来自海上方向的空中威胁和不明飞行物，中方将根据不同情况，及时采取识别、监视、管制和处置等相应措施加以应对。

中国政府划设东海防空识别区既有充分法律依据，也符合国际通行做法，目的是捍卫国家主权和领土领空安全，维护空中飞行秩序。20 世纪 50 年代以来，包括一些大国和中国周边部分国家在内的 20 多个国家先后设立了防空识别区。美国于 1950 年设立防空识别区。日本于 1969 年设立防空识别区。中方的有关做法符合《联合国宪章》等国际法和国际惯例。中国国防法、民用航空法、飞行基本规则等国内法规对维护国家领土领空安全和空中飞行秩序作出了明确规定。中方一贯尊重各国依国际法享有的飞越自由，东海防空识别区的设立不改变有关空域的法律性质。国际航班在东海防空识别区内的正常飞行活动，不会受到任何影响。

中国公布划设东海防空识别区得到了国内民众的广泛支持和国际社会的理解认同，绝大多数国家和地区的航空公司都积极配合并向中方通报在识别区的飞行计划。目前中国空军对东海防空识别区实施了全面有效监管，这不仅提高了我国防空预警能力，而且能够避免与外国航空器发生军事误判，有利于维护国际空域飞行安全。

第四节 努力开展网络、外空、极地等 领域国际合作

随着科技的不断发展，人类的活动范围正日益突破国家领土和领空界限，迈向深远广阔的网络空间、外空、极地和深海等"新疆域"。中国高度重视开展"新疆域"国际合作，服务国内经济社会发展，推进与世界各国的共同发展。

◇ 一、大力开展网络外交

以互联网为核心的网络空间已成为继陆、海、空、天之后的第五大战略空间，各国均高度重视网络空间的安全问题，网络外交日趋活跃。

中国是网络大国，网络规模和用户规模均居世界第一。据中国互联网络信息中心 2014 年 1 月发布的《中国互联网络发展状况统计报告》显示，截至 2013 年 12 月，中国网民规模达 6.18 亿，互联网普及率为 45.8%。

中国面临的网络安全形势不容乐观，是网络攻击最大的受害国。据 2014 年 3 月国家互联网应急中心发布的《2013 年我国互联网络安全态势综述》指出，2013 年，中国境内 6.1 万个网站被境外通过植入后门实施控制，较 2012 年大幅增长 62.1%；针对境内网站的钓鱼站点有 90.2% 位于境外；境内 1090 万余台主机被境外控制服务器控制，主要分布在美国、韩国和中国香港，其中美国占 30.2%，控制主机数量占被境外控制主机总数的 41.1%。

习近平指出，没有网络安全，就没有国家安全。尤其是 2013 年斯诺登披露的"棱镜门事件"，更是引发了包括中国在内的世界各国对网络空间安全的空前关注。为加强中国网络安全与信息化工作的统筹协调和战略规划，2014 年 2 月，我国成立了中央网络安全和信息化领导小组，在提高自身防护水平，加大网络安全威胁治理力度的同时，积极开展网络外交。

中国不断扩展双边网络对话与交流，已与美国、俄罗斯、英国、法国、德国、澳大利亚、欧盟建立了机制性对话。2012 年，中欧网络工作小组启动，2013 年 6 月，中美双方同意在中美战略安全对话框架下设立网络工作组，并于 7 月 8 日召开首次工作组会议，这为中欧、中美网络事务交流与合作搭建了重要平台。作为中国互联网络安全应急体系对外合作窗口，国家互联网应急中心积极推动"国际合作伙伴计划"，不断加强与国际互联网应急中心组织间的网络安全合作，完善跨境网络安全事件处置协作机制。截至 2013 年年底，中国已与 59 个国家和地区、127 个组织建立联系机制，全年共协调境外安全组织处理涉及境内的网络安全事件 5498 起，较 2012 年增长 35.3%。[①] 在多边层面，中国深入参与联合国、金砖国家、上海合作组织、东盟地区论坛的网络安全相关进程，推动增进地区互信与合作。中国还参与了伦敦进程、巴西互联网治理大会等网络国际会议，广泛与各方交流意见。2013 年 9 月 11 日，中国与马来西亚在北京共同主办了"东盟地区论坛 2013 年网络安全研讨会"，这是中国首次举办东盟地区论坛框架下的网络安全研讨会，从法律和文化的视角探讨加强网络安全的措施。2014 年 6 月 5日，中国与联合国在北京首次联合举办了"信息与网络安全问题国际研讨会"，就全球网络安全问题交流看法和经验。

此外，中国还积极在国际网络安全领域提出倡议。早在 2011 年 9 月，中国就与俄罗斯、塔吉克斯坦、乌兹别克斯坦共同向第 66 届联合国大会提交"信息安全国际行为准则"草案，这是该领域第一份较为全面、系统的国际规则文件草案，呼吁各国尽早就规范各国信息和网络空间的国际准则和规则达成共识。2013 年 4 月，在联合国预防犯罪和刑事司法委员会第 22 届会议

① 国家互联网应急中心：《2013 年我国互联网络安全态势综述》，国家互联网应急中心网站。

上，中国、俄罗斯、巴西、印度、南非等金砖国家共同提出"加强打击网络犯罪的国际合作"决议草案，并最终获得通过。同年12月举行的金砖国家安全事务高级代表第四次会议上，中国代表提出金砖国家应该共同倡导信息安全理念。一是相互信任，维护网络空间和平稳定，坚持以协商方式解决网络争端。二是坚持安全互利，尊重各国主权安全利益，不以任何方式破坏别国政治、经济、社会和文化环境。三是促进平等共治，确保网络公平开放，各国有权平等参与网络空间国际秩序与规则建设，在联合国框架下建立公平、民主、透明的互联网国际治理机制。四是加强国际协作，实现"数字共赢"。

中国认为，网络空间应该成为国际合作与对话的渠道，而不是新的战场。中国积极推动网络空间的非军事化，愿本着和平、主权、共治、普惠的原则，与国际社会一道，开展建设性对话与合作，共同维护网络空间的安全、稳定与繁荣。

◇　二、积极开展外空外交

外空是维护国家战略安全、拓展资源、发展高科技的重要空间。当前，外空领域的合作与竞争态势并存，法律和技术问题交织。通过国际合作机制，确保为和平目的探索和利用外空，共同应对外空安全挑战已成为国际社会普遍共识。

中国积极致力于和平利用外空，在空间科学、空间技术和空间应用等领域取得诸多成就。中国早在1970年就发射首颗卫星，是世界上第三个自主发展载人航天技术的国家，是《关于各国探索和利用包括月球和其他天体的外层空间活动所应遵守原则的条约》

（简称《外空条约》）、《营救宇宙航行员、送回宇宙航行员和归还发射到外层空间的实体的协定》（简称《营救协定》）、《空间实体造成损失的国际责任公约》（简称《责任公约》）、《关于登记射入外层空间的物体的公约》（简称《登记公约》）的缔约国。

中国参与外空国际合作的主张主要有以下几个方面：一是一贯致力于和平利用外空。为防止外空武器化和外空军备竞赛，中国积极推动国际谈判并制定相关国际法律法规。中国同俄罗斯于2008年向日内瓦裁军谈判会议提交"防止在外空放置武器、对外空物体使用或威胁使用武力条约"草案，并于2014年提出了更新案文。中国同俄罗斯共同倡议成立联合国外空活动"透明与建立信任措施"（TCBM）政府专家组，并推动专家组达成平衡的工作报告，成为防止外空军备竞赛的有益补充，对增进互信、减少误判、规范外空活动具有积极意义。中国还建设性参与"国际外空行为准则"讨论进程。

二是坚持探索利用外空活动应为全人类谋福利原则。中国主张在平等利用、共同发展的基础上，加强外空国际交流与合作，真正使外空活动的利益惠及所有国家。由于外空活动需大量资金和科技投入，仅凭一国之力探索与利用外空有其局限性，中国主张各国应加强国际合作，反对采取单边技术封锁。中国愿与世界上其他国家开展航天领域包括载人航天的国际合作，推动世界航天技术向更高水平发展，为和平利用外空、造福全人类作出积极贡献。

三是积极参与外空长期可持续发展的规则制定工作。外空是全人类的共同财富，需要各国同心协力共同维护。目前，各国广泛认同外空长期可持续发展理念，在联合国和平利用外层空间委员会框架下，积极协商制定有关国际规则。其中一些利益分歧较大的问题，如空间碎片的减缓和移除问题，是人类探索外空几十年积累形成的历史问题，需要各方共同行动，争执与搁置都无助于问题的解决。

中国外空外交取得积极进展。近年来，我国积极参与联合国和平利用外层空间委员会各项工作，成立了联合国灾害管理与应急反应天基信息平台北京办公室，正在推动在北京航空航天大学建立联合国空间科技教育培训区域中心。我国同有关国家共同在北京成立了亚太空间合作组织，积极开展区域空间合作活动。截至2014年3月，中国已与30个国家签署了80项双边航天合作协议，为十余个国家发射了卫星，并努力推动北斗导航系统在亚太地区的应用。

◇ 三、稳步开展极地外交

极地具有特殊的地理位置和独特的自然环境，能源资源丰富、科研价值极高，并具有重要的军事意义和航运价值。中国作为《南极条约》缔约国和北极理事会观察员国，积极参与极地事务，在科学研究、环境保护等方面作出了贡献。

中国积极参与极地事务的国际合作。中国于1983年加入《南极条约》，1985年成为《南极条约》协商国，2006年成为《南极海洋生物资源养护公约》缔约国，2007年成为南极海洋生物资源养护委员会成员。多年来，中国与智利、阿根廷、新西兰、澳大利亚、美国等国就南极科考、环保等事务开展了国际合作。中国于1996年加入了国际北极科学委员会，积极参与北极在全球变化中的作用等相关的国际合作项目，并自2007年起以临时观察员身份

▲ 2014 年 2 月，汕头大学南极科考队乘坐的考察船驶向南极大陆   （新华社发）

参加北极理事会会议与活动。2013 年 5 月，中国成为北极理事会正式观察员，中国深入参与北极事务迈出重要一步。

中国积极推动极地科研与环境保护。多年来，中国与相关极地国家合作，对极地生态、大气、海洋等科目进行了广泛、系统、深入的研究。中国自 1984 年开始进行南极及其周围海域调查，至 2014 年共进行了 30 次南极科考，现已建成"一船四站一基地"（雪龙船、长城站、中山站、昆仑站、泰山站、极地考察国内基地）的极地考察平台，2015 年还将开建一座常年科考站，新建破冰船的工作已经启动。自 1999 年至 2014 年，中国共进行了 6 次北极科考，并建立了北极科考黄河站。同时，中国严格遵守各项国际环境条约，在极地航运与能源、资源利用方面恪守环境义务，并与其他国家开展极地环境研究，推动保护极地环境与可持续发展。

中国尊重北极地区国家根据国际法享有的主权、主权权利和管辖权，愿就北极相关问题与各方加强互利合作。中国一贯支持北极理事会的宗旨和目标，承认北极国家在北极理事会的主导作用，尊重北极地区土著人和其他居民的价值观、利益、文化和传统。中国也将尽己所能为未来的北极航运规则制定、航运与能源开发所涉的环境保护等问题与其他国家展开交流与对话。

中国积极推动北极国家与非北极国家间合作共赢。北极国家与非北极国家在跨区域问题上有共同利益，应当加强沟通和合作。承认和尊重彼此在北极地区的利益和在北极问题上的关注，是处理北极与非北极国家关系的基础。中国也将为促进各国平等协商，实现互利共赢的极地合作积极开展工作。

✧ 四、扎实做好海洋外交

党的十八大报告提出了建设海洋强国的战略部署，习近平总书记在中央政治局第八次集体学习时强调，要进一步关心海洋、认识海洋、经略海洋，推动中国海洋强国建设不断取得新成就。

根据《联合国海洋法公约》的有关规定，国际海域面积占全球海洋面积70%。建设海洋强国，不但要维护和管理好中国管辖的海域，同时也要用好、开发好公海和国际海底区域。

中国积极参与并支持国际海底管理局的工作。根据《联合国海洋法公约》，国际海底区域及其资源是"人类共同继承财产"，由国际海底管理局代表全人类行使对"区域"内资源的一切权利。国际海底区域内资源勘探和开发实行平行开发制，即一方面可由国际海底管理局直接进行，另一方面可由国际海底管理局各成员国以及成员国担保的法人或自然人与国际海底管理局以协作方式进行。中国积极参与国际海底资源开发规章的研究，并提出相关规章的制定应与技术和产业的发展相适应，循序渐进，实现海底开发与环保、开发者利益与国际社会整体利益之间的合理平衡，在深入研究和广泛征求各方意见基础上慎重决策。为促进发展中国家有效、全面地参与国际海底事务，中国政府多次向国际海底管理局自愿信托基金捐款，以资助发展中国家委员出席国际海底管理局法律和技术委员会、财务委员会会议。中国还表示，愿积极运用海洋科研捐赠基金与发展中国家开展合作，邀请发展中国家的科研人员与中方共同开展深海科学研究。

▲ "蛟龙"号载人潜水器入水

（新华社记者　张旭东／摄）

中国积极参与国际海底区域资源的调查勘探工作。2001年，中国取得位于太平洋的7.5万平方公里的多金属结核矿区的专属勘探权，并且在多金属结核进入商业开采时具有优先开采权。2011年，中国在西南印度洋获得了一块面积为1万平方公里的多金属硫化物专属勘探区。2013年，中国又获得在西北太平洋3000平方公里的富钴结壳专属勘探区。目前，中国是首个拥有三种国际海底资源矿区的国家，同时也是拥有矿区数量最多的国家。

中国积极维护海上航行安全。中国参加了《国际海上人命安全公约》《制止危及海上航行安全非法行为公约》《亚洲地区反海盗及武装劫船合作协定》等维护海上航行安全的国际条约。为打击肆虐印度洋的索马里海盗，截至 2014 年 5 月，中国海军先后组织 16 批护航编队参与印度洋护航。为避免海上意外事件发生，中国积极参与制定《海上意外相遇规则》（CUES）。2013 年 6 月，习近平主席访美期间提出积极探讨建立中美两军公海海域海空军事安全行为准则。中国多次与他国举行海上搜救联合演习。2014 年 3 月马航 MH370 客机失联后，中国多艘军舰参与了在南海及印度洋的搜救行动。

中国在有关海洋问题上的外交举措，为促进海洋的和平、安全、开放，平衡海洋的科学保护与合理利用，推动和谐海洋秩序建设发挥了积极作用。

ⓘ_案 例_

"棱镜门事件"

从 2013 年 6 月开始，美国中情局前雇员爱德华·斯诺登通过多家媒体披露美国国家安全局"棱镜"监控项目，指认美国情报机构多年来在国内外持续监视互联网活动以及公民电话信息。这一涉及各国国家安全利益以及公民信息安全的事件引起了国际社会的高度关注，被称之为"棱镜门事件"。

据斯诺登透露，2007 年小布什总统任职期间，美国国家安全局和联邦调查局启动一个代号为"棱镜"的秘密项目。当局通过接入微软、雅虎、谷歌、苹果等9家美国互联网公司中心服务器，对视频、图片、邮件等10类数据进行监控，以搜集情报，监视民众的网络活动。

随着"棱镜门事件"的持续发酵，根据斯诺登透露的文件显示，美国情报机构至少监听过35个国家政要的电话，遭到窃听的德国总理默克尔、巴西总统罗塞夫等要求美国作出解释。进一步曝光的文件显示，美国联手全球40个国家的情报机构，建立了共分四个层级的全球庞大监控网络，大到国际会议，小到网络游戏，监控之眼无处不在。

"棱镜门事件"表明，美国国家安全局从2009年开始入侵中国内地和香港的电脑和网络系统，中国内地和香港已有大量目标受到监视。中国才是网络攻击的受害者。

▲ 对"棱镜式"监控说"不"　　　　　　　　　　　（新华社／美联）

第五节　有效维护海外利益

随着中国综合国力不断上升以及与世界的联系更加紧密，我国机构、企业、人员大规模走向海外，海外利益全方位扩展，已成为我国国家利益的重要组成部分。切实有效维护海外利益，成为新时期中国外交的一项重要职责。

◇　一、中国人员和企业"走出去"势头迅猛

改革开放以来，中国出国（境）人数不断增长。据统计，2013年，我国以商务、旅游、留学、探亲或访友等为主要目的的内地居民出境数量达9818.7万人次，同比增长18.04%。[1]预计到2020年，内地居民年出境人数可能高达1.5亿人次，甚至更多。[2]截至2013年年底，有107.51万留学人员正在国外进行学习和研究；从1978年到2013年年底，各类出国留学人员累计总数达305.86万人。[3]2013年，我国对外劳务合作派出各类劳务人员52.7万人，年末在外各类劳务人员达85.3万人。[4]到目前为止，经国务院批准的我公民出境旅游目的地国家和地区已达150个，我国成为全球第一大出境旅游消费国和亚洲第一大出境旅游客源国。

---

[1]　《中国公安部：2013年逾4.5亿人次出入境》，新华网。
[2]　王毅：《探索中国特色大国外交之路——在第二届世界和平论坛午餐会上的演讲》，外交部网站。
[3]　教育部：《2013年度我国留学人员情况》，教育部网站。
[4]　商务部对外投资与经济合作司：《2013年我国对外劳务合作业务简明统计》，商务部网站。

对外投资规模不断扩大。2013 年，我国境内投资者共对全球 156 个国家和地区的 5090 家境外企业进行了直接投资，累计实现非金融类直接投资 901.7 亿美元；截至 2013 年年底，我国累计非金融类对外直接投资 5257 亿美元。[①]2013 年，我国对外承包工程业务完成营业额 1371.4 亿美元，同比增长 17.6%。[②]境外中资企业数目持续增加，海外资产规模不断扩大。

✧ 二、我国海外利益面临多方面的风险和挑战

从国际环境看，一是有些地区和国家政局不稳，冲突不断，局势动荡，中国公民和企业往往被殃及。利比亚战乱发生便是一例。二是国际恐怖势力活动猖獗，恐怖袭击事件致中国公民伤亡事件屡屡发生。索马里海盗对我国海上运输安全构成重大威胁。三是世界范围内火山、地震、海啸、飓风等自然灾害频发，疟疾、霍乱、黄热、埃博拉等疫病不时爆发，车祸、空难、火灾、爆炸等意外事故多发。四是部分国家社会治安不靖，抢劫、盗窃等刑事犯罪不断发生。五是一些国家法律不健全，政策具有不确定性，造成境外劳务纠纷频发。

从自身情况看，随着我国"走出去"的公民和企业越来越多，驻外使领馆从事领事保护的工作人员严重短缺的问题越来越凸显。目前，平均每位驻外领事官员要服务近 20 万人次的海外中国公民，

---

① 商务部对外投资与经济合作司：《2013 年我国对外直接投资简明统计》，商务部网站。
② 商务部对外投资与经济合作司：《2013 年我国对外承包工程业务简明统计》，商务部网站。

人均工作量是主要发达国家的数十倍。领事保护与服务对象之众、难度之大、要求之高前所未有。

近年来中国政府实施的重大海外中国公民撤离行动

事发时间	撤离事由	撤离人数
2006年4月18日	所罗门群岛发生骚乱	310人
2006年4月底	东帝汶发生骚乱	243人
2006年7月12日	黎巴嫩、以色列发生武装冲突	167人
2006年11月16日	汤加首都努库阿洛法发生骚乱	193人
2008年1月	乍得反政府武装与政府军激战	411人
2008年11月25日	泰国曼谷国际机场因反政府示威活动被迫关闭	3346人
2010年1月12日	海地发生里氏7.3级地震	48人
2010年6月10日	吉尔吉斯斯坦奥什地区发生骚乱	1299人
2011年1月25日	埃及开罗等城市爆发游行示威	1800余人

张立云 编制 新华社发

▲ 近年来中国政府实施的重大海外中国公民撤离行动一览表　　　　（新华社发）

◈ 三、维护中国海外利益的外交实践

党和政府高度重视维护中国公民和机构在海外的安全与合法权益。党的十八大报告将坚定维护国家利益和我国公民、法人在海外合法权益作为一项重要外交工作。党的十八届三中全会通过的《中共中央关于全面深化改革若干重大问题的决定》明确指出，要完善领事保护体制。新一届党和国家领导人多次就涉及中国公民安全和权益的问题作出重要指示。2014年5月，李克强总理访问非洲期间，在安哥拉专门召开海外民生工程座谈会，就建设海外民生工程作出重要指示，强调要加大对领事保护工作的投入，加强海外领事保护力量，确保我海外公民走到哪里，领事保护和

服务就跟到哪里。

近年来，我国领事保护工作的体制机制建设不断取得重大进展。一方面，通过双多边领事磋商机制、商签领事类条约协议，规范双边领事关系，推动外方就建立双边人员交往新秩序与中方相向而行，为维护我国海外利益营造良好的外部环境。截至 2013 年 12 月底，我国与外国就在外设立 96 个领事机构达成协议，与外国达成在华设立领事机构协议 347 个，其中在内地 19 个城市设领 192 个，在香港设领 139 个，在澳门设领 16 个。与 45 个国家缔结了 48 份领事条约（协定），与 63 个国家建立了领事磋商机制，与 81 个国家签订了互免签证协定，与 37 个国家达成 51 个简化签证手续协定。另一方面，广泛调动中央、地方、驻外使领馆、企业和个人参与构建"大领事"格局。领事保护工作始终坚持"两手抓"，一手抓应急处置，一手抓源头治理。2013 年，外交部和驻外使领馆共处理领事保护和协助案件 4 万余起，其中重大案件 120 多起。通过妥善处置各类案件，切实维护了海外中国公民和机构的正当合法权益，展现了中国负责任大国的形象，体现了党和政府对公民的关怀，得到社会各界的高度认可。同时，旨在提升全民海外文明守法意识、安全风险意识、自我保护意识的预防性领事保护与服务宣传工作全面推进，辐射区域不断扩大，中央、地方、驻外使领馆、企业和个人"五位一体"的境外安全保护工作联动机制全面深化，预防性领事保护体系日渐完善，"海外有风险，出行需防范"的观念渐入人心。

目前，中国公民到国外，打开手机收到的第一条短信，就是外交部领事保护中心针对国别发送的安全提醒短信。在国内，手机微信用户只要订阅了"领事直通车"，就可以收到最新、最权威、最全面的海外安全提醒和领事服务信息。此外，2013 年全新改版上线的中国领事服务网新增了"出国及海外中国公民自愿登记"系统。这是一个为出国旅行的中国公民提供的个人、团组及旅行信息登记平台，凡在系统中进行过登记的人员均可得到外交部领事司及驻外使领馆推送的各类安全提醒信息。在系统中进行登记确保了外交部领事司及驻外使领馆在紧急情况下与海外中国公民取得联系，并在必要时提供领事保护与协助。2014 年外交部启动全球领事保护与服务应急呼叫中心"12308"24 小时热线电话，为中国公民提供领事保护与服务热线应答。

维护和拓展我国海外利益，是一项系统工程。需要统筹做好对大国、周边、发展中国家和多边领域的外交工作，努力发展与各国友好合作关系，为维护海外利益提供政治保障，不断提高企业赴海外投资和人员往来便利化的水平。

新形势下，党中央、国务院对维护海外利益工作提出的要求更高，人民群众的期望更高，维护海外利益工作面临的任务更加艰巨。外交工作将继续以"以人为本，外交为民"为宗旨，继续完善领事保护体制，加强应急处置体系建设，广泛开展海外安全宣传活动，全力打造新的惠民、利民工程，更好地为国家"走出去"战略服务。

ⓘ 案 例

大规模撤离在利比亚的中国公民

2011 年 2 月，利比亚安全形势发生重大变化，党中央、国务院十分关心我国驻利人员安全，要求有关方面迅即采取切实有效措施，全力保障我国驻利人员生命财产安全。

国务院决定成立应急指挥部，负责组织协调我国驻利人员撤离及有关安全保障工作。新中国成立以来最大规模的有组织撤离海外中国公民行动紧急展开：35860 名同胞或由中国军舰护航，或乘坐一架架包机、一辆辆客车安全撤离。

2011 年 2 月 22 日至 3 月 5 日，中国政府协调派出 182 架次民航包机、24 架次军机，5 艘货轮、1 艘护卫舰，租用 70 架次外国包机、22 艘次外籍邮轮和 1000 余班次客车，海、陆、空联动，开展了新中国成立以来最大规模的有组织撤离海外中国公民行动。2 月 23 日起，中国政府派出由多部门组成的 3 个工作组，分别赴利比亚首都的黎波里及利比亚与突尼斯边境，东部和中部城市班加西、米苏拉塔，以及南

▲ 2011 年 3 月 5 日，778 位中国在利公民抵达首都国际机场 　（新华社发　金立旺／摄）

部城市塞卜哈协助组织撤离工作。3 月 2 日，在利中国公民 35860 人全部撤出利比亚。3 月 5 日，上述公民全部回国。

大规模撤离在利比亚的中国公民，是中国外交工作、特别是领事保护工作"以人为本，外交为民"工作理念的体现。这一事件说明，每一位在海外的中国人，身后都有祖国作为最坚强的后盾。

第六节　大力发展公共外交与人文交流

扎实推进公共外交，是党中央站在国家发展和外交全局的战略高度，顺应时代潮流和中国与世界关系发展的历史性变化作出的重要部署。党的十八大报告明确提出：我们将扎实推进公共外交和人文交流。公共外交首次被写入党的政策纲领。

公共外交对外而言，旨在引导国际社会了解真实的中国，促进国际社会树立客观全面的"中国观"，理解中国优秀的历史文化、发展道路、发展理念以及和平发展、合作共赢的外交方针。对内而言，公共外交的任务是引导民众正确看待外交工作，正确看待国家的综合实力、国际地位和国际作用，争取更多理解支持，凝聚民心、民智、民力。

◇　一、公共外交是外交工作的重要开拓方向

大力开展公共外交契合当今国内国际形势发展的要求。随着中国综合国力增强和国际地位的提高，国际社会更加重视中国，希望加强与中国的交往与合作。与此同时，由于对中国了解不够以及意识形态、价值观念的差异，对华误解、疑虑甚至偏见仍然存在，"中国威胁论""中国崩溃论"等论调不时升温，增进国际社会对中国发展的理解和认同任重道远。随着信息化不断发展，国内公众对外交事务的关注度明显上升，在有力支持外交工作的同时，也希望更多了解外交政策，参与外交事务。

✧ 二、多措并举推进公共外交

围绕我国领导人出访和出席国际会议等重大外交活动开展公共外交是一项重大任务。我国领导人在推进公共外交方面发挥着重要引领作用。领导人通过接受采访、发表演讲、在往访国媒体上刊载文章、与外国民众直接互动等形式开展公共外交活动，取得良好效果。例如，2014年3月底4月初，习近平主席出访欧洲四国之前，分别在荷兰《新鹿特丹商业报》、法国《费加罗报》、德国《法兰克福汇报》和比利时《晚报》发表署名文章，宣示中国外交理念，引导国际社会正确认知中国，产生良好反响。

外交部不断改进和完善新闻发布工作，主动及时发声，放大舆论效应。自2011年起，外交部例行记者会从每周两次增加到每周五次，在重大热点敏感问题和突发事件发生时，例行记者会在第一时间发布权威信息，增信释疑。不断完善重大活动现场吹风机制，打造全方位、多渠道、立体化的新闻发布模式，同时创新表达方式、努力转变话语体系，让"中国声音"能够更好地被国内外公众接受、理解、认同。

与国内外媒体加强沟通、交流、合作，为他们积极报道中国和中国外交提供帮助。在与国外媒体进行沟通交流方面，截至2014年年初，约60个国家的600余名记者在华常驻。外交部外国记者新闻中心为外国记者在华从事报道工作提供协助和便利，通过吹风会、座谈、组织采访活动等，介绍中国国情、外交政策，帮助他们全面了解、客观认识中国。在与国内媒体开展合作方面，积极支持国内媒体不断提高国际传播水平，发出"中国声音"，讲好"中国故事"。

　　积极打造公共外交品牌活动和栏目，提升影响力和吸引力。外交部举办公众开放日活动，数千名公众有机会走进外交部，旁听例行记者会，与外交人员面对面交流。"外交服务站"广播在中央人民广播电台播出，面向国内公众介绍外交政策、领事服务和外交常识等。"欢乐春节""感知中国"等文化活动在国内有关部门和驻外使领馆的积极协调和组织下，向世界展示了中国文化魅力。

　　用好网络和新媒体，让"中国声音"在网络和"微"世界广泛传播。外交部网站群使用24种语言发布信息，日均点击量约700万次。外交部在国家部委中率先开通"外交小灵通"微博、微信、微视。"小灵通"用清新、温暖和亲民的语言，直播重要外交活动和访谈、发布出入境安全提醒等重要信息。截至2014年年初，外交部联合新华网、人民网、新浪网等举办25期"外交·大家谈""国之交·民相亲"系列网络访谈和微访谈等网络公共外交活动，得到社会积极评价。

　　开展新闻与公共外交国际合作。2013年9月，中国与韩国外交部在韩国首尔举办了首届中韩公共外交论坛；2014年6月，第二届中韩公共外交论坛在中国北京举办。同时，中国与印度、巴基斯坦、韩国等国外交部门举行新闻与公共外交磋商，加强了交流与互鉴。

　　加强统筹，充分利用社会资源和多种渠道开展公共外交。加强与民间组织、企业、智库等社会资源的交流协作，积极鼓励、支持社会各界有序参与，形成公共外交合力，打造全方位多层次的公共外交格局。

✧ 三、积极推进人文交流

加强人文交流是世界发展趋势。在世界多极化、经济全球化、文化多样化、社会信息化的时代背景下，加强国家与国家之间的合作，需要以人与人之间的沟通、文明与文明之间的对话作为基础。国之交在于民相亲，教育、旅游、文化、艺术、体育等领域的双边交流，能够夯实社会民意、扩大合作基础，具有重要意义。

中国积极推进与世界各国的人文交流。随着中国与世界交往日益密切、人员往来日益频繁，人文交流成为中国与世界各国交往的重要组成部分。中国致力于推进与世界各国的人文交流，以深厚文化传统为积淀，积极推动不同文明之间的交流对话，致力于尊重文明的多样性、发展道路的多元化，支持各国人民自主选择社会制度和发展道路，鼓励不同文明彼此包容互鉴，共同为人类进步事业作出自己的贡献。

党的十八大以来，中国与世界各国之间人文交流成果丰硕。

文化交流年活动蓬勃开展。继互办国家年、语言年、旅游年之后，中国与俄罗斯举办以青年为主题的交流年。这是中俄人文交流又一重大举措。人文交流已经成为中欧关系的三大支柱之一。中国与法国建交 50 周年之际，中法双方举行隆重热烈、贯穿全年的纪念活动，涉及政治、经贸、文化、科技、教育、卫生等 30 多个领域，创造了中法人文交流的新高潮。在中国的倡议下，中国和东盟举办"中国—东盟文化交流年"，推动文化服务、产业、人力资源、遗产保护等领域合作。

国家间人文交流与合作机制化建设稳步推进。中美人文交流机制日益完善，领域日益拓宽，内涵日益深化，为推进中美新型大国关系建设作出了贡献。2013 年 11 月，习近平主席向第四轮中美人文交流高层磋商致贺信时提到，中美人文交流高层磋商框架下的近百项成果得到落实，这为中美关系发展注入了新的活力。2013 年 6 月，韩国总统朴槿惠访华，与习近平主席就加强中韩人文纽带、进一步巩固和发展中韩战略合作伙伴关系达成了共识。

▌本章小结 ▌⋯⋯⋯⋯⋯⋯

　　随着各领域外交不断推进，中国外交的内涵更加丰富，布局更加立体。

　　中国成为世界第二大经济体和第一大贸易国，经济外交服务国内发展、维护国家经济安全的作用日益凸显，内涵不断拓展。

　　中国高度重视并积极开展涉藏外交、涉疆外交和反恐合作等安全外交工作，为维护国家的政治社会稳定作出应有贡献。

　　中国坚定维护国家主权和安全利益，妥善处理领土主权和海洋权益争端，维护了国家利益和地区总体稳定。

　　网络、外空、深海、极地已成为具有重要战略意义的"新疆域"，维护和拓展在上述领域的利益、促进上述领域的国际合作已成为外交工作的重要领域。

　　中国的海外利益持续拓展，领事保护面临比以往更加严峻的挑战。保护中国海外合法权益、做好领事保护与服务工作成为外交工作的重要内容。

　　在全球化和信息化深入发展的背景下，积极开展对外公共外交和人文交流，有效宣传中国的对外政策，积极引导国际社会正确认识和了解一个真实中国，为国家的经济社会发展营造良好的外部舆论环境，夯实中国与世界各国关系的民意基础，日益成为外交工作的重要任务。

重要术语解释

海外民生工程：海外民生工程，就是把领事保护工作、把维护中国同胞海外合法权益与人身安全的工作，放在民生工程的高度上来看待。2013 年 3 月，外交部部长在视察外交部领事保护中心时指出："领事保护与服务是外交部，也是党和政府在海外的'民生工程'，与国内'民生工程'同等重要。"

网络空间（Cyberspace）：该术语是由美国科幻小说作家威廉·吉布森于 20 世纪 80 年代初首创，用以描述包含大量可带来财富和权力信息的虚拟计算机网络。随着信息时代的到来，网络空间概念被广泛运用。网络空间最重要的组成部分是因特网，它是由世界上数以亿计的计算机通过通用标准和协议连接在一起的遍及全球的网络。网络空间不仅包括因特网，还包括卫星系统、光纤以及其他电子设备。网络空间将来自卫星、电话、电脑以及其他电子设备的信息汇集于一个规模宏大、错综复杂而又具有多元性特征的电子互动平台之中。

公共外交：公共外交是指政府主导，社会各界普遍参与，借助传播和交流等手段，向国外公众介绍本国国情和政策理念，向国内公众介绍本国外交方针政策和相关举措，旨在获取国内外公众对本国国情、政策理念、外交方针政策和相关举措的理解、认同和支持，以争取民心民意，树立国家和政府的良好形象，营造有利的舆论环境，维护和促进国家根本利益。

思 考 题

1. 我国开展经济外交面临的新挑战是什么？

2. 我国开展安全外交的主要内容是什么？取得了哪些成就？

3. 如何调动各方力量共同推进公共外交？

4. 如何理解战略"新疆域"在新时期外交工作中的重要作用？

5. 在新时期如何维护中国海外利益？

第 六 章

加强外交外事工作的领导和统筹协调

随着中国与外部世界利益融合进一步加深，相互影响、相互作用更加紧密，妥善处理与外部世界的关系意义更加重大，外交外事工作在国家总体工作中的地位进一步提升。做好外交外事工作，关乎我国的改革发展稳定大局，关乎"两个一百年"奋斗目标和中华民族伟大复兴中国梦的实现。做好新时期新形势下的外交外事工作，必须不断开拓创新、与时俱进。

第一节　坚持统筹国内国际两个大局

◇　一、统筹国内国际两个大局的重要意义

统筹国内国际两个大局，是从党和国家事业全局出发提出的重大战略思想，也是对做好新形势下外交外事工作的总体要求。

改革开放 30 多年来，我国全方位、多层次、宽领域的对外开放格局不断巩固和加强，与各国的相互依存、利益融合日益紧密，同外部世界的关联互动持续增强。国内国际两个大局的相互作用、相互影响更加突出。我国影响外部环境的能力逐步增强，一举一动

受到世界关注，我国政策举措和国内问题会对国际社会产生这样或那样的影响。从发展趋势看，我们发展得越快，对国际格局和国际关系的影响也会越大。与此同时，国际环境对国内发展的影响也在加大。国际形势的新发展新变化、主要国家的内外政策调整、国际体系和国际思潮的演变、外部的民意舆情等，也会在我国国内引起这样或那样的反应，直接影响到国家的发展战略和国计民生，牵动着亿万国民的心。

我们要积极适应这种变化，更好地统筹国内国际两个大局。要总结和深化对内政外交互动规律的认识，提高依法处理涉外事务的能力，增强驾驭复杂局面、应对突发事件的本领。在参与和处理国际事务时，要考虑国内因素。坚持"外交为民"，始终把实现好、维护好、发展好广大人民的根本利益作为一切外交外事工作的出发点和落脚点。

在开展国内工作时，也要把国内工作可能对外交产生的影响考虑进去，实现内政与外交、国内国际两个大局的有机统一。国内工作做得越好，对外工作的基础就越扎实、越牢靠。在解决可能涉外的国内问题时，要考虑国际影响和反应，妥善因应国际社会的关切。

✧ 二、统筹国内国际两个大局要处理好几对重要关系

一是内政与外交的关系。在全球化的推动下，外交和内政问题之间的界限日趋模糊，国内问题国际化和国际问题国内化两种倾向都在发展，很多问题难以截然区分为国内问题还是国际问题，更多是一个问题的两个方面。这给统筹国内国际两个大局，做好新形势下外交工作提出了更高要求。

二是局部与全局的关系。各地方各部门各领域外事工作都是国家总体对外工作的一部分，既要为本地区本部门的发展服务，也要服务于国家总体发展战略，需要牢固树立一盘棋的意识。

三是我国作为日益上升的发展中大国与积极承担相应国际责任的关系。随着中国持续快速发展和综合国力不断提升，国际上要求中国承担更多国际责任的呼声也越来越多。作为社会主义发展中大国，中国理应为人类和平与发展的崇高事业作出更大贡献，力所能及地向国际社会提供更多公共产品。同时，我们也要实事求是看待中国的发展水平，不能承担超出自身承受能力和发展阶段的责任。

不谋万世者，不足谋一时；不谋全局者，不足谋一域。新形势下，做好外交外事工作，需要牢固树立统筹国内国际两个大局的意识，始终从党和国家工作全局和外交大局的高度来考量和处理问题。

第二节　加强外交外事工作的领导与管理

当前我国对外开放已进入新阶段，与外部世界的交流互动更加频繁，利益融合更趋紧密，人员往来大幅增加。各地区各部门各单位外事工作是国家总体外交的重要组成部分，在扩大对外开放、促进多双边交流与合作、服务国家改革发展稳定大局和对外关系大局方面发挥着更为重要的作用。

◇　一、我国现行外事管理体制

我国现行外事管理体制为"统一领导、归口管理、分级负责、协调配合"。

统一领导。"外交大权在中央、外事工作授权有限"是我国外事管理工作的根本原则，各地区各部门须认真贯彻执行中央的对外方针政策和外事管理规章制度，在中央授权范围内开展外事工作。

归口管理。分为业务归口管理和系统归口管理。业务归口管理是指全国需要统筹安排和综合平衡的涉外事项，按业务内容和性质，分别由各有关涉外部门实行业务归口管理。系统归口管理是指各省、自治区、直辖市等根据各自的职责和授权，管理本地区、本部门、本系统及其负责归口管理单位的涉外事项。

分级负责。改革开放以来，党中央和国务院先后就外事管理工作下发了一系列文件，对各级外事管理权限作出了明确规定。各级须在中央授权范围内分级履行相应外事管理权责，全面贯彻执行对外方针政策，自觉服从服务于对外工作总体部署，执行有关决策和指示。

协调配合。各单位在对外交往中要坚持地方服从中央、局部服从整体、小局服从大局、当前利益服从长远利益，相互配合，形成合力，共同维护国家整体利益。通过加强协调配合，推动构建中央与地方协调统一、官方与民间紧密配合、政治与经济彼此互促、外交外事与国家改革发展稳定大局相得益彰的"大外事"新格局。

◇　二、当前全国外事管理工作面临的形势及工作方向

随着外事工作内涵和外延的不断拓展，各地区各部门各单位对外交流与合作的途径和渠道不断拓宽，主体更加多元；各级外事部

门面临的新情况、新问题、新挑战不断涌现；国内问题国际化、国际问题国内化的趋势更加明显，统筹协调更加重要，对加强外事管理提出了更高的要求。面对新形势、新任务、新挑战，外事和外事管理工作要坚持以进一步提高科学管理水平和服务质量为主要抓手，以更好地服务国家改革发展稳定大局和对外关系大局为一切工作的出发点和落脚点，即坚持"一个提高、两个服务"的指导思想，着力抓好以下四个方面建设：

一是要加强外事管理体制机制建设。对外工作应在中央的统一领导下，不断建立健全外事管理体制机制，调动各方面的积极性和主动性，充分发挥政府外交的主渠道作用，加强政党、人大、政协、地方、民间团体对外交往工作，有力推动各领域的交流合作。

二是要加强统筹协调的能力建设。一方面充分挖掘和发挥各地区各部门各领域资源和优势，更好地服务国家总体外交；另一方面积极调动外交外事资源优势，为各地区各部门各领域对外交流与合作牵线搭桥，服务国家经济社会发展。

三是要加强外事管理制度建设。根据新形势新要求，不断完善外事管理规章制度，力争做到凡事有章可循、有规可依。各地区各部门根据中央统一政策，不断完善本地区本部门的实施规则，增强制度的针对性和可操作性。

四是要加强外事队伍建设。政策执行得怎么样，根本还是靠人。外交外事队伍处在国家对外交往的最前线，外交外事人员素质的高低，直接影响着我们应对国际局势、处理国际事务的能力和水平。打造一支合格的高素质外交外事队伍，是贯彻独立自主和平外交政策的根本保证。新中国成立以来，党中央十分重视外交外事干部队伍建设。在新中国外交部成立之初，周恩来总理兼任外交部部长并亲自为外交外事干部制定了"站稳立场、掌握政策、熟悉业务、严守纪律"的十六字方针。我们的外交外事队伍经受了外交风云的考验，成长为一支立场坚定、纪律严明、特别能战斗的"文装解放军"，有力地执行了党中央作出的一系列重大外交决策和部署，圆满完成了各个历史时期的各项外交任务。当前国际形势的复杂变化对各项工作提出更高要求，外交外事部门应继续以马克思列宁主义、毛泽东思想、邓小平理论、"三个代表"重要思想、科学发展观为指导，按照革命化、年轻化、知识化、专业化方针和德才兼备、以德为先的原则建设一支高素质的外交外事干部队伍，为贯彻执行党的外交方针政策提供坚强有力的人才支撑。

① _ 案 例 _

外交无小事

周恩来多次强调，"外交无小事"。因为外交是代表国家的工作，主要对象是各国政府及其当权者，所以外交领域不存在可以掉以轻心或等闲视之的问题，看似"小事"，弄得不好就会变成"大事"。

1972 年，美国总统尼克松访华。尼克松发现，周恩来具有一种罕见的本领，他对琐事非常关心，但又不拘泥于琐事之中。"对于周恩来来说，任何大事都是从注意小事入手这一格言是有一定道理的。他虽然亲自照料每棵树，但也能够看到森林。"尼克松回忆说，"我还发现，在机场欢迎我们的仪仗队是周恩来亲自挑选的。这些士兵身体健壮、魁梧，穿着整洁。周本人还亲自为乐队挑选了晚宴上为我们演奏的乐曲。我相信他一定事先研究过我的背景情况，因为他选择的许多曲子都是我所喜欢的，包括在我的就职仪式上演奏过的《美丽的阿美利加》。"他还写道："我们在北京的第三天晚上，应邀去看体育和乒乓球表演。当时天已经下雪，而我们预定第二天要去参观长城。周恩来离开了一会儿，我以为他是去休息室。后来我才知道，他是亲自去关照人们清扫通往长城路上的积雪。"

古人讲，"祸患常积于忽微，智勇多困于所溺"，疏忽大意往往酿成大错。周恩来经常告诫从事外交工作的同志和接待人员尽可能地考虑到事情的每一个细节，预见各种可能出现的问题，做到心中有数。1971年10月10日，埃塞俄比亚皇帝海尔·塞拉西到广州参观。在宴请塞拉西皇帝之前，周恩来照例先去检查了一下宴会厅的布置，结果发现我方工作人员把人家的三色国旗挂颠倒了，他马上叮嘱有关人员改了过来，避免了一次外交失礼。

不过，再谨慎小心也难免出现失误和意想不到的情况，处理这些情况需要高度的智慧和应变能力。20世纪60年代的一天，周恩来在中南海勤政殿招待外宾，客人对中国菜肴风味之独特、味道之鲜美大为赞赏。这时上来一道汤菜，汤里的冬笋、蘑菇、荸荠等雕成各种图案，简直成了美妙的工艺品。然而，冬笋是按民族图案"万"字形刻成的，在汤里一翻，恰巧成了与法西斯标志相似的图案。贵宾见此，不禁大吃一惊，当即向周恩来请教。周恩来先是怔了一下，马上态度自若地对翻译说："这不是法西斯标志，这是我国传统的一种图案，叫'万'字，象征着'福寿绵长'的意思，是对客人的良好祝愿！"接着他又风趣地说："就算是法西斯标志，也没有关系嘛！我们一起消灭法西斯，把它吃掉！"意外的这么一个被动场面，经周恩来反意正解，反倒起了活跃宴会气氛的作用。

周恩来的"外交无小事"是一面不倒的光辉旗帜，永远不会过时，对当前和今后的外交外事工作仍具有重要指导和借鉴意义，我们应传承这一优良传统，创造一个又一个新的外交佳话，为祖国增光添彩。

▌本章小结 ▌

统筹国内国际两个大局，是从党和国家事业全局出发提出的重大战略思想，也是对做好新形势下外交外事工作的总体要求。广大干部要总结和深化对内政外交互动规律的认识，提高依法处理涉外事务的能力，增强驾驭复杂局面、应对突发事件的本领。既要在参与和处理国际事务时，考虑国内工作需要，又要在开展国内工作时，把国内工作可能对外交产生的影响考虑进去，实现内政与外交、国内与国际两个大局的有机统一。

在新形势下，加强外交外事工作的领导与管理大有必要。党对外交外事工作的集中统一领导需进一步加强，基层外事机构设置应进一步完善；各地区各部门要加强外事管理制度建设，提高制度的执行力；要加强统筹协调能力建设，全面提升外事部门协助党委、政府统筹协调与综合归口管理涉外事务的地位和能力，努力构建"大外事"新格局。

重要术语解释

外事：是指除中央政府外交部门以外的中央政府非外交部门及地方政府、国家的其他社团机构所进行的对外事务、对外活动及对外工作。随着当今国际国内形势的不断发展，外事工作已经成为总体对外工作的重要组成部分。

✎ 思 考 题

1. 如何推进中国特色外交理论体系建设？
2. 为什么说外交是一门艺术？
3. 如何落实"大外事"人才观？
4. 领导干部应如何与时俱进地做好涉外工作？

后　记

　　进入 21 世纪第二个十年，国际形势继续发生纷繁复杂变化。世界多极化、经济全球化深入发展，社会信息化、文化多样化持续推进，世界变革的潮流更加强劲，国际关系和国际格局正经历深刻复杂调整。为帮助广大干部更好地了解国际形势，深入领会以习近平同志为总书记的党中央的外交理论与实践创新，增强把握国内国际两个大局的意识和能力，更好服务党和国家中心工作，中央组织部组织编写了本书。

　　本书由外交部牵头，中国国际问题研究院、外交学院共同编写，全国干部培训教材编审指导委员会审定。王毅任本书主编，张业遂、郑泽光任副主编。本书调研、写作和修改工作主要人员有：蔡润、曲星、赵进军、杨小茸、王实、郑振华、王泽亮、陈须隆、赵青海、姜跃春、虞少华、卢静、任远喆、李隽旸、凌胜利。参加本书审读的人员有：孙哲、时殷弘、张胜军、陈东晓、杜正艾、楚树龙、门洪华、苏长和。在编写出版过程中，中央组织部干部教育局负责组织协调工作，人民出版社、党建读物出版社等单位给予了大力支持。在此，谨对所有给予本书帮助支持的单位和同志表示衷心感谢。

由于水平有限，书中难免有疏漏和错误之处，敬请广大读者对本书提出宝贵意见。

编 者

2015 年 1 月

《国际形势与中国外交》

主　编：王　毅

副主编：张业遂　郑泽光

责任编辑：商　晶
封面设计：石笑梦
版式设计：周方亚
责任校对：郭　涛

图书在版编目（CIP）数据

国际形势与中国外交 / 全国干部培训教材编审指导委员会组织编写.
　-- 北京：党建读物出版社：人民出版社，2015.2
全国干部学习培训教材
ISBN 978 - 7 - 5099 - 0566 - 1
I. ①国… 　II. ①全… 　III. ①国际形势 - 干部培训 - 教材②外交 -
　中国 - 干部培训 - 教材 　IV. ① D5 ② D82

中国版本图书馆 CIP 数据核字（2014）第 225563 号

国际形势与中国外交

GUOJI XINGSHI YU ZHONGGUO WAIJIAO

全国干部培训教材编审指导委员会组织编写

主　编：王　毅

党建读物出版社
人民出版社　出版发行

河北新华第一印刷有限责任公司印刷　新华书店经销

2015 年 2 月第 1 版　2015 年 2 月第 1 次印刷
开本：710 毫米 × 1000 毫米　1/16　印张：10.75
字数：118 千字　印数：1 - 300000 册

ISBN 978 - 7 - 5099 - 0566 - 1　定价：28.00 元

邮购地址 100706　北京市东城区隆福寺街 99 号

人民东方图书销售中心　电话（010）65250042　65289539

本书如有印装错误，可随时更换　电话：（010）58587660